AF592579

LA

TACTIQUE DU BATAILLON

D'APRÈS

LE MAJOR HUGO HELVIG

PAR

L. GRANDIN
Capitaine au 25e régiment d'infanterie

AVEC 6 PLANCHES

Extrait du Journal des Sciences militaires.
(Septembre 1875.)

PARIS
IMPRIMERIE ET LIBRAIRIE MILITAIRES
J. DUMAINE
RUE ET PASSAGE DAUPHINE, 30

1875

Paris. — Imprimerie de J. Dumaine, rue Christine, 2.

LA TACTIQUE DU BATAILLON,

D'APRÈS LE MAJOR HUGO HELVIG.

« Ce qui se fait sans principes arrêtés donne trop de chances au hasard. » (DECKER, *Tactique des trois armes*.)

« Un jour de bataille, il faut avoir toutes ses forces réunies ; souvent un seul bataillon décide du sort de la guerre. » (NAPOLÉON.)

Les ouvrages militaires qui traitent de la tactique sont nombreux ; mais si les principes sont immuables, tous ne sont pas parfaitement d'accord sur la méthode à employer pour résoudre les difficultés du champ de bataille. Cette méthode, quelle doit-elle être dans l'avenir, maintenant que les armes à feu — canons et fusils — ont acquis une portée et une justesse prodigieuses? Il nous serait difficile de nous prononcer, en présence des nombreux livres contradictoires qui s'occupent de ce sujet. Néanmoins, personne ne peut nier que l'officier rompu en temps de paix à toutes les formes de la tactique, et dressé aux principes du combat moderne sur la place d'exercices, sera moins embarrassé sur un champ de bataille que l'officier qui, s'abandonnant au hasard de la fortune, laissera tout à son inspiration individuelle. Une tactique en quelque sorte *réglementaire* s'impose donc de nos jours comme une nécessité.

En fait de manœuvres devant l'ennemi, il ne suffit pas toujours de voir par soi-même, car quelle est la vie de l'homme assez féconde en événements pour lui donner une expérience universelle? Sans doute, dans maintes circonstances, l'expérience peut suppléer au savoir; mais est-ce bien ici le cas? Nous ne le pensons pas. La tactique de nos pères, — surtout en ce qui concerne la manière de combattre du bataillon, — n'est plus applicable de nos jours. En présence des armes se chargeant par la culasse, l'ordre dispersé paraît être la seule formation possible de l'infanterie. C'est donc en augmentant notre propre savoir des connaissances d'autrui, en appréciant les recherches de nos prédécesseurs et en discutant les appréciations émises par les écrivains les plus en renom de notre époque, que nous arriverons à résoudre les difficultés de la délicate question que nous allons essayer de traiter ici.

Personne n'avait essayé, jusqu'à présent, de démontrer la *tactique élémentaire* en parlant tout à la fois aux yeux et à l'intelligence. A ce point de vue, les *Exemples tactiques* (*taktische Beispiele*) de M. le major Hugo Helvig comblent une lacune qui existe dans tous nos règlements de manœuvres; car, — comme le dit M. le général Lewal dans son ouvrage sur la *Tactique de combat*, — « la guerre, à notre époque, est impossible sans des bases uniformes, bien connues de tous. Des principes, des formations normales, des indications nettes et absolues sont nécessaires pour guider les officiers. C'est le canevas indispensable à leur mission. La valeur de ces données fondamentales consiste surtout dans leur précision, dans leur absolutisme même. Ce sont les jalons qui tracent la voie, les limites qui empêchent de s'en écarter; on doit les suivre et les respecter religieusement. »

Tous les mouvements tactiques que nous allons développer sont basés sur l'importance de la compagnie comme unité de combat. La formation du bataillon d'infanterie à quatre compagnies tend à se généraliser en Europe; et, — comme une preuve de la nécessité d'une nouvelle tactique en France, — il nous suffira de rappeler qu'à l'imitation de l'Allemagne, l'Autriche, l'Italie et la Belgique ont adopté, depuis la guerre de 1870, le bataillon à quatre compagnies. Cette formation est la seule qui puisse se prêter avec avantage aux combinaisons et aux phases successives du combat moderne. En effet, l'offensive exige au moins deux efforts : l'un sur le front de la position à attaquer, l'autre sur son flanc. A la rigueur, deux compagnies peuvent suffire pour cet objet, et les deux autres, dans ce cas, sont tenues en réserve; si un point quelconque de la ligne vient à fléchir, la troisième compagnie peut être envoyée en soutien ou en renfort au centre ou à l'aile menacée, et la troupe engagée peut ainsi faire face de tous les côtés, puisque la ligne possède alors un flanc et deux ailes. Enfin, dans certains cas, la quatrième compagnie tenue en réserve peut, de son côté, agir sur les derrières de l'ennemi et menacer sa ligne de retraite. Dans le même ordre d'idées, c'est pour permettre à la compagnie d'agir seule qu'elle ne possède actuellement que trois pelotons en Prusse et en Belgique, et quatre pelotons en Autriche et en Italie. Nous n'avons pas ici à apprécier ou à critiquer le mérite ou les défauts de tel ou tel système; en principe, tous les deux sont bons. La seule difficulté consiste à savoir employer judicieusement, en face de l'ennemi, les éléments dont se compose la compagnie. Avec le système *ternaire*, elle peut agir en profondeur ou en ligne. Dans le premier cas, le premier peloton est en tirailleurs, le second en soutien, et le troisième en réserve; si elle est obligée d'engager deux pelotons, elle peut opérer facilement de front et de flanc; ou bien, laissant deux de ses pelotons à l'attaque directe, porter sa réserve en avant et menacer le flanc adverse de l'adversaire; ou bien encore n'engager qu'un peloton de front et faire agir les deux autres sur une aile. Dans le second cas, la compagnie possède un centre et deux ailes, et elle est prête à opérer concentriquement ou à combiner ses mouvements avec ceux de l'attaque. Avec le système *quaternaire*, un quart de l'effectif de la compagnie est déployé en tirailleurs, un quart en renfort, un quart en soutien et le dernier quart en réserve; le plus souvent, les deux premiers pelotons formeront les tirailleurs et le renfort, et l'autre moitié de la compagnie constituera le *gros* ou la réserve. Cette dernière disposition est, paraît-il, celle adoptée dans le nouveau règlement sur l'exercice et les manœuvres de notre infanterie; c'est aussi la plus rationnelle. Cependant, quelle que soit la formation adoptée, il est facile de se convaincre que toutes les deux ont une très-grande souplesse et qu'elles satisfont également aux différentes combinaisons que l'on peut se proposer, soit dans l'attaque, soit dans la défense. Le bataillon à quatre compagnies est donc une *formation normale* dont il faut savoir tirer le meilleur parti possible. C'est là précisément qu'est, suivant nous, le mérite du livre du major Hugo Helvig : il donne des indications spéciales pour les *exercices de combat* du bataillon, de manière à faciliter les manœuvres sur la place d'exercices.

De nos jours, ce qu'il faut apprendre jusque dans les plus bas grades de l'armée, c'est l'art de conduire et de faire manœuvrer les troupes.

L'infanterie, par ses emplois multiples sur un champ de bataille, constitue l'élément principal d'une armée, l'arme la plus utile et la plus décisive à la guerre. Notre prédilection marquée pour cette arme, qui est la nôtre, a donc sa raison d'être, et la traduction que nous offrons à nos camarades de l'armée n'a d'autre prétention que celle de chercher à être utile.

« Depuis la dernière guerre, — dit l'auteur dans sa préface, — tous les domaines de la science militaire ont été exploités, et principalement le domaine de la tactique; mais depuis quelque temps le calme semble se faire dans les esprits. On remarquera, à ce sujet, combien les appréciations diffèrent sur la manière de conduire les troupes au combat; cela tient à ce qu'immédiatement après la guerre il était difficile d'apprécier les choses à leur juste valeur. Ce n'est qu'avec le temps que se forment les opinions et que l'on parvient à se faire une conviction.

« L'infanterie plus que jamais décide du sort des combats; c'est à elle qu'incombe la tâche la plus pénible et la plus sanglante; aussi, s'il est un devoir sacré à remplir, c'est bien celui de ne pas persévérer par routine dans des formations auxquelles on est depuis longtemps habitué, de ne pas se fier aveuglément au hasard de la guerre, et de ne pas s'en remettre à l'abnégation, aux sacrifices et au dévouement de nos officiers de troupe et de leurs braves soldats, *surtout s'il s'agit de conserver un jour ce qui nous a coûté si cher.*

« Les formations actuelles prescrites par le règlement en vigueur sont loin de suffire telles qu'elles sont exécutées sur les places d'exercices. Chacun doit être incontestablement convaincu maintenant qu'avec les armes se chargeant par la culasse, l'attaque de front d'une position ne saurait réussir si l'assaillant n'a pas pour lui la supériorité. Qu'on ne vienne pas dire ici que le règlement actuel s'oppose à l'exécution en temps de paix des exercices se rapprochant de ceux que l'on exécute à la guerre : c'est là une thèse que des esprits sérieux ne sauraient soutenir; il ne défend nulle part de pratiquer et d'essayer des formations se rapprochant de celles du combat moderne. Pourquoi donc ne pas s'y habituer? L'instruction actuelle que l'on donne à la compagnie est excellente; mais c'est prêcher contre le véritable esprit militaire que de consacrer un temps trop long à des exercices répétés et monotones qui énervent sans profit l'esprit et le corps de celui qu'on est chargé d'instruire, surtout lorsque les mouvements à exécuter n'ont entre eux aucune liaison tactique ou ne sont dominés par aucune supposition tactique.

« Avec une certaine obstination digne d'une meilleure cause, on a cherché de différents côtés à s'opposer au désordre apparent qui résulte à la guerre de l'enchevêtrement inévitable des troupes les unes dans les autres, et l'on en est arrivé à exercer les troupes pendant des heures entières, sur la place d'exercices, à des attaques à la baïonnette avec de minces lignes de tirailleurs dans les intervalles, ou encore à des attaques à la baïonnette avec le bataillon en ligne et sur trois rangs. Que de telles monstruosités tactiques soient justifiées par le règlement en vigueur, mais qu'elles soient en même temps recommandées officiellement, c'est là qu'est le danger.

« Confiant dans les efforts qui se donnent librement carrière dans tous les cercles militaires, relativement à la manière de combattre de l'infanterie; espérant voir adopter un jour les sages prescriptions que recommande le lieutenant-colonel de Scherf, et encouragé par quelques amis, l'auteur, par ses *Exemples tactiques*, essaye de contribuer pour sa part à émanciper l'infanterie de formations surannées, depuis longtemps condamnées par l'expérience, et cependant encore strictement observées. »

C'est donc pour réagir contre certains mouvements du règlement d'exercices, c'est pour montrer comment on peut, sur la place d'exercices même, instruire et dresser les troupes au point de vue de la guerre, au lieu de s'en tenir à des mouvements élémentaires qui ne sont que la préparation au combat, et non le combat lui-même, que le major Helvig a imaginé de démontrer la tactique du bataillon au moyen d'exemples choisis pris parmi ceux qui se présentent le plus souvent à la guerre. Dans ce but, trente exemples ont paru suffire à l'auteur; chacun d'eux correspond à une journée d'exercice et est divisé en un certain nombre de mouvements ou *moments* correspondants aux mouvements supposés de l'ennemi.

Le bataillon est la première unité de combat avec laquelle on puisse employer la combinaison de quelques troupes d'artillerie (une section au moins) et de cavalerie (un peloton au moins), et commencer ainsi la tactique des trois armes. Il peut être engagé comme unité d'une ligne de plusieurs bataillons (régiment ou brigade); il peut aussi être isolé ou tellement loin des autres bataillons d'une ligne qu'il puisse être considéré comme isolé. Tous ces différents cas sont examinés.

Le major Hugo Helvig nous montre d'abord le bataillon combattant contre deux, trois, quatre et six compagnies d'infanterie, puis contre l'infanterie et la cavalerie réunies (une à quatre compagnies et un à quatre escadrons). Plus loin, il examine la tactique du bataillon contre l'artillerie, sa manière de combattre contre une batterie soutenue par deux compagnies d'infanterie. Puis il fait agir les trois armes, — infanterie, artillerie et cavalerie, — et il examine quelle est la conduite à tenir contre une batterie, une compagnie d'infanterie et un escadron, et comme soutien d'une grande batterie contre deux compagnies et deux escadrons. L'auteur, pour toutes ces manœuvres, ne considère que la place d'exercices. Apprendre au bataillon à se mouvoir dans tous les sens sur un espace relativement restreint, et indiquer aux compagnies là où elles doivent se porter, de façon à agir de la manière la plus profitable à l'intérêt commun et la plus avantageuse au point de vue du combat supposé : tel est son but. A partir du quatorzième exemple, le bataillon est considéré comme faisant partie d'une brigade, et différents cas de l'attaque et de la défense sont examinés.

C'est en figurant les objets sur le terrain que l'auteur nous initie aux petites opérations de la guerre, telles que l'attaque et la défense d'une batterie, des bois, des villages, des hauteurs et des défilés. Ajoutons ici que l'hypothèse de combat change chaque fois, soit qu'il s'agisse d'un bataillon en station ou en marche, soit qu'il s'agisse d'une troupe aux avant-postes.

Un bataillon combat, en effet, d'une façon toute différente, suivant qu'il est seul ou en liaison avec d'autres troupes; sa manière de combattre change encore s'il est réduit à ses propres forces ou s'il combat avec l'appui d'autres armes (infanterie et cavalerie); elle dépend aussi de la force, de la faiblesse et de la composition des troupes de l'adversaire. On voit, par l'énumération que nous donnons ci-dessus, que les suppositions tactiques choisies par le major Helvig peuvent suffire pour embrasser presque tous les cas.

« On remarquera,— continue l'auteur dans sa préface, — que ces *Exemples tactiques* ne sont faits que pour la place d'exercices, mais qu'ils peuvent s'appliquer sans grandes modifications sur toute espèce de terrain. Pour devenir une véritable école de combat, il faut que l'exécution se rapproche autant que possible de celle de la guerre ; par suite, *les chefs de compagnie, et à l'occasion les commandants de bataillon, doivent descendre de cheval et se mettre à l'abri, tout en se ménageant la possibilité de bien voir*. Dans la plupart des cas, les ordres et les dispositions doivent être transmis au moyen d'ordonnances, sachant se dissimuler adroitement pour se porter d'une fraction de troupes à une autre. *Avant la manœuvre, il faut en outre donner connaissance aux officiers, réunis à cet effet, des traits caractéristiques du thème tactique que l'on désire exécuter*, et indiquer sur le terrain l'emplacement de l'adversaire. Il y a encore une autre observation à faire : dans les combats actuels, le mélange des troupes a pour ainsi dire le caractère du désordre; il faut donc pardessus tout habituer les troupes à cette manière de combattre et les exercer à *passer rapidement d'un désordre apparent à une formation à rangs serrés, maniable au point de vue tactique.* »

Les mots soulignés ici le sont avec intention. En Prusse, *le capitaine de compagnie est monté*, mais il descend toujours de cheval pendant le combat ; il en est de même des colonels et des majors (commandants de bataillon). Le cheval est considéré par eux comme un moyen de transport, soit pendant la marche, soit pendant leurs tournées aux avant-postes ou aux cantonnements. De cette manière le capitaine ménage ses forces et est tout dispos lorsqu'il met pied à terre au moment du combat, au bivouac ou au cantonnement. Le major Helvig demande que ce qui s'exécute au combat soit également ordonné pour la manœuvre; nous croyons qu'il a raison, et ces *exemples tactiques* sont la meilleure preuve de la nécessité d'avoir dans l'infanterie des capitaines de compagnie montés et pouvant se porter le plus rapidement possible d'un point à un autre de leur ligne.

L'exercice pratique de combat, qui n'est autre que l'application au terrain des manœuvres réglementaires, demande des indications précises sur la direction générale et le but de la manœuvre. En conséquence, il est bon *qu'en arrivant sur la place d'exercices, le commandant du bataillon réunisse les chefs de compagnie pour leur donner connaissance du thème qu'il suppose, et des dispositions qu'il désire prendre pour son exécution*. Sans entrer dans des détails inutiles, il suffira de leur montrer la clef de la position, et de quelle manière il serait possible de procéder pour se rendre maître de la position ou la conserver. Il va sans dire pourtant que les *exemples tactiques* recommandés par le major Helvig ne sont que des préceptes généraux n'ayant rien d'absolu, et que celui qui commande a toujours la faculté de les appliquer suivant la raison et le bon sens, en tenant compte de la configuration du terrain et des mouvements de l'ennemi.

Dans le combat moderne, au fur et à mesure que l'action se développe, les différentes parties de la troupe engagée se renforcent ou se succèdent en première ligne; il en résulte que *l'ordre dispersé a l'inconvénient, — surtout en terrain coupé, — d'offrir souvent un enchevêtrement inextricable d'unités les unes dans les autres.* — Nous en donnerons plus loin un exemple frappant. (Voyez ci-après les 16e et 23e exemples.)

Pour atténuer cet inconvénient, les officiers allemands habituent toujours leurs soldats, dans la manœuvre, à ne pas perdre de vue leurs camarades de combat et leur chef immédiat, de telle sorte que si les troupes viennent à se mélanger les petites unités au moins, tels que groupes, pelotons, etc., restent intacts autant que possible, et puissent facilement se rallier. C'est aussi pour cette raison que, lorsque le terrain leur offre des abris suffisants, ils préfèrent pour leurs tirailleurs la disposition en essaim (*schwärme*) à la disposition en chaîne. Toutes les fois qu'un groupe (environ 7 à 12 hommes sous la conduite d'un sous-officier) se concentre en désordre dans un espace restreint pour occuper un point, ou s'abriter derrière un bouquet de bois, maison, jardin, etc., il forme ce que l'on nomme un essaim. Cette disposition empêche le mélange des petites unités, en laissant les soldats à la portée de la vue et de la voix de leurs chefs respectifs. Si les manœuvres en ordre dispersé sont une des conséquences de la guerre actuelle, on ne peut pas nier quelles entraînent avec elles, — si l'on n'y prend pas garde, — certaines habitudes d'indépendance nuisibles à l'esprit de discipline, si le soldat n'est pas surveillé et s'il échappe à la main de ses chefs. Les officiers allemands reconnaissent si bien cet inconvénient qui pourrait faire dégénérer des batailles perdues en déroute ou en désastre, que pendant la lutte même, lorsqu'ils trouvent sur le terrain un abri suffisant, ils ne manquent pas une occasion de reprendre en main leurs tirailleurs, en les groupant en essaim s'ils ne peuvent les réunir en ordre serré. C'est aussi dans ce but qu'après chaque manœuvre, lorsque leurs tirailleurs sont en rangs, qu'ils exigent dans la marche et dans les mouvements d'autant plus de régularité qu'il y a eu plus de désordre dans la manœuvre. Souvent même les troupes défilent devant eux, et ils ne veulent pas, avant de faire rompre les rangs, que le soldat reste sous une impression fâcheuse de désordre et d'indépendance. Il faut que la dernière impression soit la meilleure. Le nouveau règlement sur l'exercice et les manœuvres de notre infanterie semble nous donner raison quand il recommande de « terminer les exercices en ordre dispersé par quelques

« mouvements en ordre serré exécutés avec la plus grande précision, « pour maintenir les soldats dans des habitudes d'ordre et de disci« pline indispensables à la cohésion. »

Si, dans les guerres modernes, la compagnie reste l'unité de combat, le bataillon devient la véritable unité tactique ; dès lors il ne peut être employé que rarement tout entier en ordre dispersé, son étendue s'y oppose, car il devient impossible à diriger et difficile à manier. Le major Helvig nous donne cependant un exemple de cette manière de combattre, qui est en effet la seule à admettre au sujet de l'attaque d'une batterie ennemie (18e exemple, voir ci-après). Dans la plupart des cas, le bataillon combattra en conservant groupée la majeure partie de ses unités et en n'employant dans l'ordre dispersé que les compagnies absolument nécessaires. La véritable tactique du bataillon est donc la tactique en ordre mixte.

Il résulte de ce qui précède que les officiers et la troupe sous leurs ordres doivent être familiarisés avec les diverses formations propres à l'attaque et à la défense, tant en ordre plein qu'en ordre dispersé et en ordre mixte ; les officiers surtout doivent être dressés à combiner entre eux ces trois systèmes. Sous ce rapport, les *exercices tactiques*, dont nous allons donner quelques exemples, méritent de fixer l'attention ; c'est l'application pratique du règlement de manœuvres aux différentes phases d'un combat.

A vrai dire, les formations prescrites par l'auteur ne sont pas nouvelles ; ce sont celles du règlement d'exercices actuellement en service en Allemagne : lignes de tirailleurs composées, soit de fractions de compagnies, soit de compagnies entièrement déployées ; salves par groupes ; soutiens prenant part au feu de salves sur la ligne de tirailleurs ; ralliement par peloton ; carré de compagnie et de demi-bataillon. La disposition au moyen de laquelle le bataillon se prépare au combat est le plus souvent la ligne de colonnes de compagnie. Les manœuvres proposées ne sont donc pour ainsi dire que la consécration de ce qui existe ; mais la méthode paraît être tout à fait appropriée aux exigences du combat moderne. Sur la ligne de tirailleurs, les signaux sont faits au moyen du sifflet ; partout ailleurs, les ordres sont transmis au moyen d'ordonnances ; et dans ses *exemples tactiques*, au moyen de petites figures parfaitement coordonnées et de quelques explications pour indiquer les hypothèses admises, l'auteur nous fait suivre pas à pas, jusqu'à l'action finale, les ordres à donner, les signaux à faire et les dispositions à prendre, de telle sorte que toutes les péripéties de la manœuvre à exécuter se développent sans efforts pour le lecteur. Enfin une idée heureuse est celle de faire sortir du rang, à un moment donné de l'action, un certain nombre de gradés que l'on suppose mis hors de combat par le feu de l'ennemi, afin de dresser au commandement le plus grand nombre d'officiers et d'habituer les troupes à changer de commandants. (Voyez ci-après les 16e et 23e exemples.)

Rappelons ici brièvement et pour l'intelligence de ce qui va suivre, les formations les plus habituelles du bataillon prussien.

La compagnie ployée en colonne par pelotons, soit sur son peloton de droite, soit sur son peloton de gauche, constitue, — comme l'indique son nom, — la formation dite de la colonne de compagnie. La distance entre chacune des subdivisions de la compagnie ployées en colonne les unes derrière les autres est habituellement de 6 pas. Le déploiement peut se faire sur un peloton quelconque de la colonne. En principe, la compagnie se déploie face en avant lorsque le commandant n'indique pas dans le commandement une autre direction.

Dans un bataillon, la formation type pour marcher au combat est la formation du bataillon en *ligne de colonnes de compagnie* (*fig.* 1).

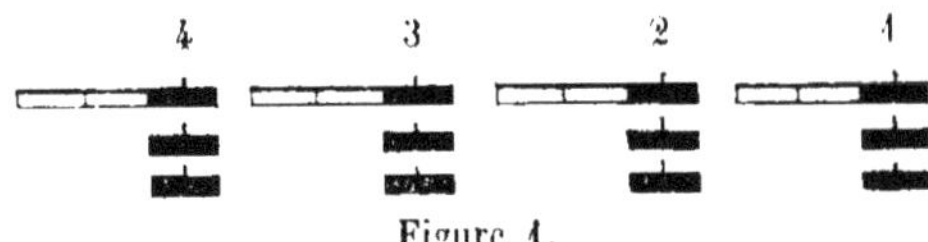

Figure 1.

Les troupes ainsi disposées sont extrêmement mobiles, faciles à abriter, également prêtes à toutes les combinaisons de l'offensive ou de la défensive, et, bien maintenues dans la main de leur chef, elles sont toujours en mesure, soit de manœuvrer, soit, par un déploiement rapide, de faire usage de tous leurs feux.

Si les deux compagnies du centre sont réunies (*fig.* 2), la formation prend le nom de colonnes de compagnie accolées au centre. Le bataillon déployé en ligne de colonnes de compagnie peut former les colonnes accolées soit sur les compagnies du centre (*fig.* 2), soit sur celle des ailes (*fig.* 3), soit sur les compagnies paires, soit sur

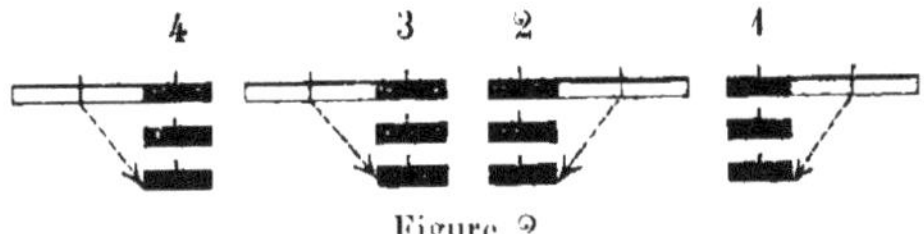

Figure 2.

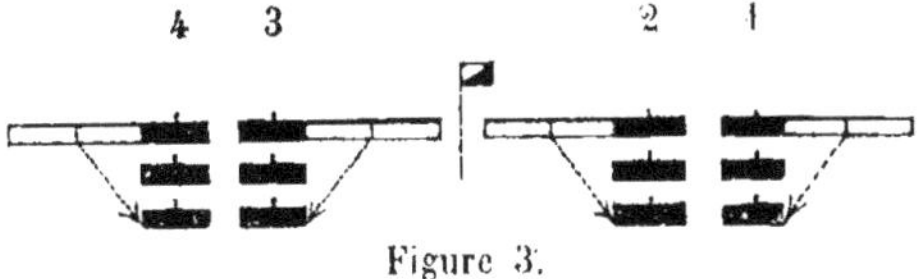

Figure 3.

les compagnies impaires. Ainsi, si les compagnies du centre sont réunies aux ailes (*fig.* 3), la formation prend le nom de *colonnes de demi-bataillon.* — Le bataillon peut ainsi se déployer soit sur son aile droite, soit sur son aile gauche.

Enfin, si les colonnes de compagnie sont serrées les unes contre les autres à la distance de 3 pas (*fig.* 4), la formation prend le nom

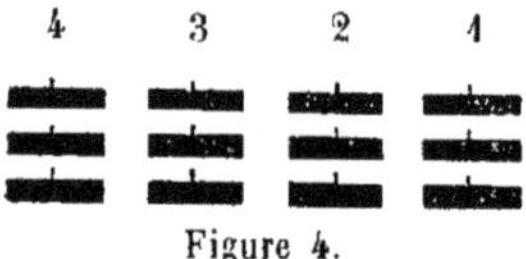

Figure 4.

de *colonnes en masse.* — Cette formation sert surtout pour la disposition du bataillon dans un espace limité.

Dans un bataillon en ligne de colonnes de compagnie, on peut agrandir ou diminuer les intervalles qui séparent chaque petite colonne, suivant les nécessités du combat; on peut changer de front en avant ou en arrière sur une des compagnies de l'une ou l'autre aile, ou encore sur une des compagnies du centre; on peut former les échelons en avant ou en retraite, soit sur l'une des ailes, soit sur le centre; on peut, en un mot, marcher à l'ennemi et se présenter à lui, sous toutes les formes et dans toutes les directions.

La colonne simple est la formation du bataillon disposé en colonnes de compagnie les unes derrière les autres. — Le déploiement en ligne de colonnes de compagnie face en avant (*fig.* 5) s'opère comme

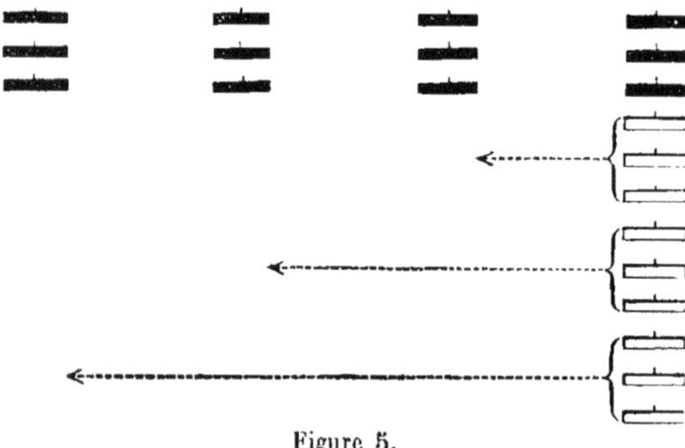
Figure 5.

l'indique la figure ci-dessus; il peut se faire sur une quelconque des compagnies de la colonne. Le déploiement face à droite ou face à gauche se fait par un changement de direction en colonne exécuté par chaque compagnie isolément (*fig.* 6). Le déploiement sur la droite et sur la gauche en bataille se fait par mouvements successifs, au fur et à mesure que chaque compagnie est arrivée à la place où elle doit converser pour se porter sur la ligne.

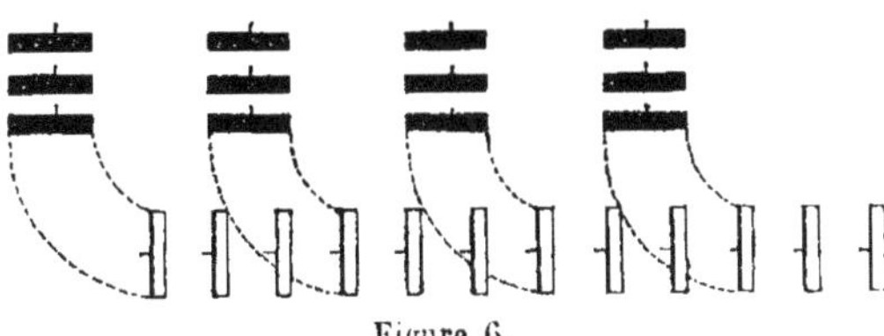

Figure 6.

La juxtaposition vers le centre des deux demi-bataillons formés en colonne simple constitue la colonne sur le centre ou *la colonne d'attaque* (*fig.* 7); c'est à peu près la colonne double du règlement français. La distance qui sépare chaque subdivision est de 6 pas. Les 2e et 3e compagnies constituent le demi-bataillon antérieur, et les 1re et 4e compagnies le demi-bataillon postérieur. — On passe de la colonne d'attaque à la colonne simple en faisant porter un demi-bataillon soit en avant, soit en arrière.

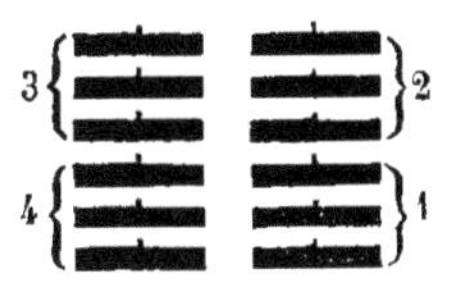

Figure 7.

Le carré peut être formé par compagnie, par demi-bataillon ou par bataillon. Il est plein et est toujours formé de façon qu'il y ait quatre rangs du côté de l'attaque. Par compagnie, si la colonne est formée par pelotons, le 2e peloton serre à distance de rang du premier et les trois premières files de droite et de gauche font à droite et à gauche; le 3e peloton fait face en arrière, et l'intervalle entre les 2e et 3e pelotons est fermé par les officiers et sous-officiers disponibles (*fig.* 8). Si la colonne est formée par demi-peloton (*fig.* 9),

Figure 8. Figure 9.

le 2e demi-peloton serre à distance de rang du premier; les 5e et 6e demi-pelotons serrent également à distance de rang du 4e; le 3e demi-peloton se partage et forme les forces latérales de droite et de gauche, de façon à laisser au centre un espace suffisant pour y recevoir les officiers, les tambours et clairons; enfin les demi-pelotons en arrière du 4e font face en arrière. — Dans certains cas, lorsque la compagnie n'a pas de peloton déployé en tirailleurs et qu'elle est chargée de couvrir un des flancs du bataillon menacé d'une attaque de cavalerie, on se borne à prendre l'une des formations indiquées dans la figure 10.

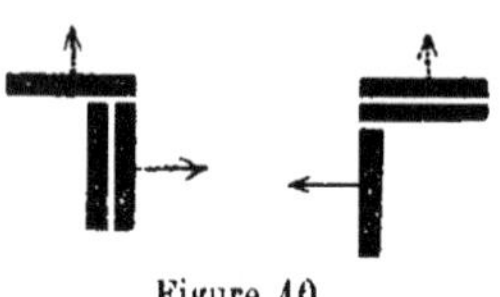

Figure 10.

La manière actuelle de combattre de l'infanterie rend excessivement rare la formation en carré par demi-bataillon ou par bataillon. Ainsi, dans les trente hypothèses de combat qu'il a choisies, l'auteur n'a trouvé à appliquer qu'une fois le carré de bataillon; et voici dans quelle circonstance : Le bataillon supposé occuper une position d'arrière-garde est formé ainsi qu'il suit : comme ligne avancée, les 1re et 4e compagnies à 300 pas d'intervalle l'une de l'autre et ayant leur 3e peloton en tirailleurs; comme gros ou ligne principale (*haupt-treffen*) les 2e et 3e compagnies accolées et à 300 pas en arrière. Le bataillon est censé combattre contre un adversaire qui dispose de deux compagnies d'infanterie et de quatre escadrons de cavalerie.

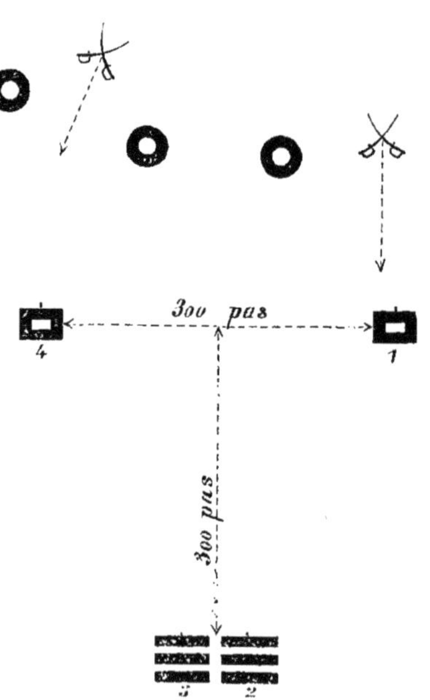

Figure 11.

1er MOMENT (*fig.* 11). — La pointe de l'avant-garde ennemie (1 escadron) est en contact avec nos tirailleurs, et le feu de mousqueterie s'engage.

Signaux : *Appel* (*Ruf*) ! *Colonne, contre la cavalerie !*

Le signal de *Ruf* précède toujours le mouvement d'une formation défensive contre la cavalerie; c'est en quelque sorte un signal d'avertissement.

A ce moment-là, le commandant de la ligne des tirailleurs indique d'un geste ou d'un signe de son épée le point ou les points de ralliement, et au signal de : *Formez le carré* ou de : *Colonne, contre la cavalerie*, les tirailleurs se forment en cercle par peloton ou par section sur les deux ailes, de façon à démasquer la troupe en arrière qui forme le carré. — Dans le cas qui nous occupe ici (*fig.* 11), les tirailleurs se rallient par section à droite et à gauche.

(L'attaque de cavalerie s'exécute sur la 1re ligne seule.)

2e MOMENT (*fig.* 12). — L'escadron ennemi, qui n'avait chargé que pour reconnaître nos forces, est repoussé; mais on aperçoit plus loin 3 escadrons s'avancer au trot.

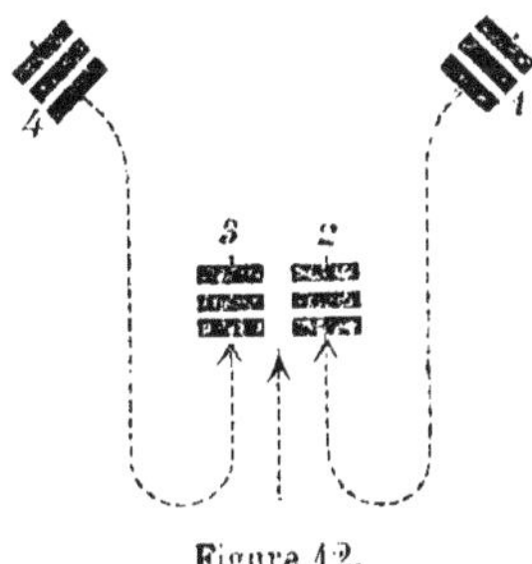

Figure 12.

Disposition : 1re et 4e compagnies : *Lentement en arrière* (*Langsam zurück*)! 2e et 3e compagnies se portent à la rencontre des 1re et 4e; ensuite : *Bataillon sur le centre en colonne!*

(Les compagnies de la 1re ligne se placent en colonne en arrière de celles de la 2e ligne.)

3e MOMENT (*fig.* 13). — La cavalerie ennemie se réunit et attaque :

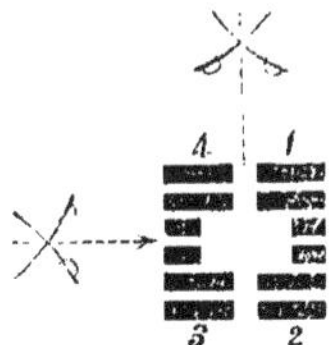

Figure 13.

Commandement : *Formez le carré!*

Chaque demi-bataillon serre à distance de rang sur son premier peloton; les faces latérales sont formées par les demi-sections extrêmes des 3e pelotons du demi-bataillon antérieur.

Nous ne pousserons pas plus loin les suppositions tactiques de cet exemple; nous avons voulu simplement indiquer ici comment l'auteur avait été amené à former un carré de bataillon.

En rase campagne, un abri de terrain, — lorsqu'on est sûr de pouvoir l'atteindre, — est, en effet, préférable à des formations en cercle ou en carré; le tirailleur n'a rien à craindre d'un cavalier isolé, et en terrain accidenté il a sur lui tous les avantages.

Dans toutes les formations en carré, la cavalerie n'est reçue que par des feux à commandement sur deux ou sur quatre rangs, suivant la profondeur des faces.

En Prusse, le 3e rang de la compagnie en bataille est spécialement affecté au service des tirailleurs. — Ce 3e rang constitue le 3e peloton de la compagnie de manœuvre. — Pourtant ce n'est pas là une règle fixe. Au combat, tous les pelotons concourent pour le service des tirailleurs; ces derniers sont sous la surveillance spéciale des chefs de groupe et ont pour principale mission d'utiliser tous les obstacles du terrain de la manière la plus profitable au tir. — En arrière, le soutien et la réserve sont à rangs serrés et sont chargés : le soutien, de renforcer les tirailleurs et de protéger la retraite, la réserve, de relever les tirailleurs et de poursuivre l'ennemi. — En principe, le feu aux grandes distances est confié aux meilleurs tireurs; le feu doit être lent contre des tirailleurs dispersés ou contre des groupes abrités; il doit être rapide contre des groupes à découvert, pour préparer une attaque ou pour repousser pareille tentative de l'ennemi; quelquefois tout un groupe peut tirer par salves, particulièrement dans les terrains accidentés lorsque le groupe ennemi qui lui est opposé se démasque pour se porter d'une position à une autre, ou bien encore lorsqu'il s'agit de viser un soutien ennemi, un groupe d'officiers en reconnaissance ou une batterie qui attelle pour changer de position.

Si le terrain est complétement découvert, les tirailleurs sont disposés en chaîne; si le terrain est coupé et peut fournir des abris suffisants, ils sont répartis en groupes ou en *essaims* de forme variable. — Si ces tirailleurs sont en chaîne, ils avancent l'un après l'autre jusqu'à ce qu'il aient occupé une nouvelle ligne à 50 ou 100 mètres en avant; s'ils sont répartis par essaims, chacun de ces derniers avance à son tour. Lorsqu'il s'agit d'un peloton entier, il ne se transporte pas tout entier à la fois d'une position à une autre, mais par groupes de quelques hommes et successivement.

Le feu, d'abord lent et mesuré, n'est exécuté, au début, que par quelques tireurs exercés, chargés par le chef d'estimer la distance.

Une fois celle-ci approximativement connue, l'officier l'indique à sa troupe et fait changer la hausse à chaque nouveau mouvement en avant. — Au fur et à mesure que la distance diminue et que le feu de l'adversaire devient plus nourri, il faut chercher à l'égaler ou à la surpasser. C'est alors que les soutiens interviennent pour la renforcer, soit en l'allongeant si les flancs sont libres, soit en intercalant de nouveaux essaims, soit enfin en doublant la chaîne.

En général, la place des soutiens est en arrière des ailes de leur ligne de tirailleurs ; ils doivent être plus rapprochés de leurs tirailleurs que ceux-ci ne le sont de l'ennemi, afin de pouvoir arriver à temps à leur secours dans le cas d'une attaque subite. Cette distance doit donc toujours être diminuée à mesure que les deux parties se rapprochent. — La limite extrême de cette distance est de 400 mètres, quand il n'est pas possible de se mettre à couvert ; elle peut être réduite à zéro, si le soutien trouve un abri suffisant sur la ligne même des tirailleurs.

Quant aux compagnies en réserve ou gros qui se trouvent en colonnes de compagnie en arrière du centre des tirailleurs, elles doivent suivre les mouvements de ces derniers, à une distance suffisante pour ne pas avoir à souffrir des balles égarées destinées à la ligne de feu.

Il résulte de ce qui précède qu'une fraction quelconque de troupe ne doit être déployée en tirailleurs que lorsqu'elle se trouve dans la zone efficace du feu de son adversaire ; que les *préliminaires du feu* sont en quelque sorte la *préparation au choc ou à l'assaut ;* et qu'en conséquence les tirailleurs doivent être renforcés de plus en plus, de façon à augmenter, à doubler la violence de leur feu, et cela jusqu'à épuisement total du soutien et jusqu'au moment suprême de l'intervention décisive de la force principale.

Abstraction faite des détails, qui varient suivant l'impromptu de la guerre : configuration du terrain, mouvements de l'ennemi, sa force et sa composition, etc., telle est en bloc la manière de combattre de l'infanterie allemande. Voyons maintenant comment pourrait être appliquée la tactique de guerre sur un terrain d'exercices.

13e EXEMPLE. — UN BATAILLON SOUTIEN DE BATTERIE CONTRE 2 COMPAGNIES ET 2 ESCADRONS.

Un soutien de batterie n'est pas nécessaire lorsque l'artillerie combat à petite distance en avant du front ou sur les ailes de l'infanterie, ce qui est le cas général de l'artillerie divisionnaire ; c'est la troupe la plus rapprochée de l'artillerie qui forme son soutien momentané, et lorsque cette artillerie change de position dans la ligne de bataille, ce soutien momentané reprend sa place primitive.

BIBLIOTHÈQUE NATIONALE R.F. IMPRIMÉS

Mais un soutien spécial est donné à l'artillerie lorsqu'elle se porte au loin en avant, — ce qui est le cas qui nous occupe; — (artillerie divisionnaire ou artillerie de corps protégeant un déploiement, ou préparant une attaque, ou encore couvrant une retraite).

« Une batterie, — dit le major Hugo Helvig, — sera le plus souvent obligée de quitter sa position lorsque les tirailleurs ennemis s'en seront approchés à une distance de 700 pas. — *L'infanterie soutien de batterie doit donc établir sa ligne de tirailleurs à* 400 *ou* 600 *pas en avant de la batterie et sur ses flancs.* La situation générale du combat et la configuration du sol doivent faire connaître à cette troupe le moment où l'attaque de la batterie est à craindre; en conséquence, la plus grande partie des troupes est employée en première ligne comme soutien de la batterie, et il n'est laissé comme réserve à la batterie que les troupes absolument nécessaires. Celles-ci sont chargées de repousser par leur feu une attaque de la cavalerie ennemie. Le soutien a aussi pour mission de faciliter les changements de position de la batterie.

(L'emplacement de la batterie doit être indiqué sur une étendue d'environ 250 pas.)

Thème à exécuter. — Un bataillon a l'ordre de protéger une grande batterie de 12 pièces qui a pris position à l'aile gauche de la division à laquelle il appartient. — 1re et 2e compagnies à 400 pas en avant sur le flanc gauche de la batterie; 2 pelotons de chaque compagnie en tirailleurs; — 3e compagnie à 200 pas en arrière comme réserve; — 4e compagnie à 100 pas en arrière à gauche de la batterie comme réserve principale.

1er MOMENT (*fig.* 1). — Les tirailleurs ennemis se portent contre le front et le flanc gauche du soutien.

Signaux : 1re *et* 2e *compagnies, commencez le feu !*

Disposition : 2e compagnie, crochet défensif à gauche; 4e compagnie, 1 peloton en tirailleurs pour couvrir le flanc gauche.

2e MOMENT (*fig.* 2). — Les tirailleurs ennemis paraissent s'avancer directement contre le front de la batterie.

Disposition : 1re compagnie, soutien en tirailleurs prolongeant la droite de la ligne et crochet défensif.

3e MOMENT (*fig.* 3). — L'infanterie ennemie se renforce de 2 escadrons qui s'avancent contre le flanc gauche du soutien, tandis qu'une faible fraction de l'infanterie ennemie se meut en tirailleurs contre le front de la batterie.

Signaux : *Appel! Colonnes, contre la cavalerie !*

(La 2e compagnie et les tirailleurs de la 4e sont seuls attaqués.)

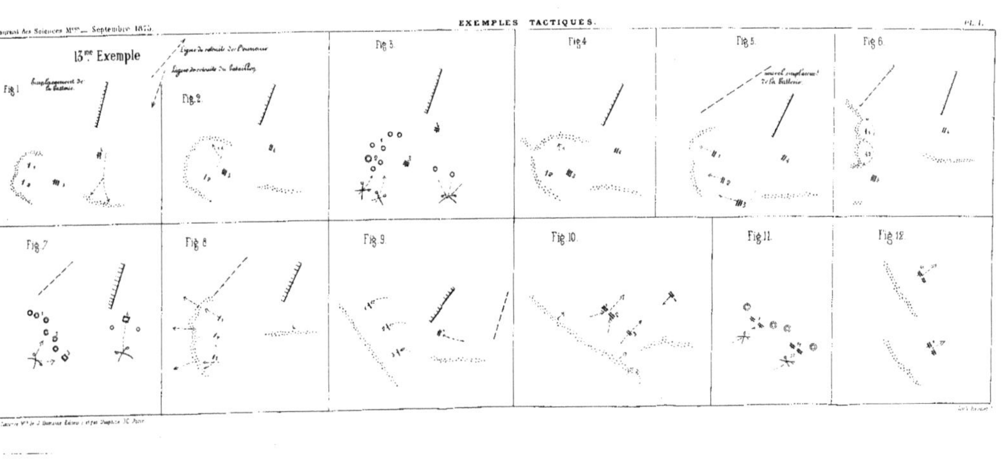
13me. Exemple
Fig 1
Fig. 2
Fig. 3
Fig. 4
Fig. 5
Fig. 6
Fig. 7
Fig. 8
Fig. 9
Fig. 10
Fig. 11
Fig. 12

4e MOMENT (*fig.* 4). — La cavalerie ennemie est repoussée; mais les tirailleurs ennemis se sont avancés jusqu'à 700 pas du front de la batterie.

Disposition : 1re compagnie tout entière en tirailleurs sur le flanc droit et feu rapide; 2e compagnie, 2 pelotons en tirailleurs dans leur position précédente.

5e MOMENT (*fig.* 5). — Le feu de la 1re compagnie fait battre en retraite les tirailleurs ennemis; mais la cavalerie ennemie prend position sur le flanc gauche du soutien.

Le chef de l'artillerie informe le commandant du bataillon que la batterie va changer de position et se porter à 600 pas en avant. (On indiquera sur le terrain la nouvelle position de la batterie.) En conséquence de cet avis, le chef de bataillon se décide à exécuter un retour offensif contre les tirailleurs ennemis, afin de permettre à la batterie de se porter en avant.

Disposition : 1re et 2e compagnies se rassemblent, à l'exception du peloton de tirailleurs (*Schützenzug*) [1]; puis échelons en avant par la droite à 100 pas; la 3e compagnie suivra la 2e compagnie comme échelon; la 4e compagnie restera dans sa position précédente.

Signal : *En avant!*

6e MOMENT (*fig.* 6). — L'ennemi arrête notre soutien de batterie, et, par suite empêche la batterie de se porter en avant.

Signaux : *Ensemble* [2] *! Halte* (*das Ganze! Halt!*)

Disposition : 1re compagnie, 1 peloton en tirailleurs prolongeant la ligne à droite et crochet offensif; 2e compagnie, 1 peloton renforce la ligne des tirailleurs.

7e MOMENT (*fig.* 7). — Un escadron ennemi attaque les compagnies de la première ligne, un autre escadron charge en fourrageurs contre le flanc gauche de la batterie. — L'infanterie ennemie cesse son feu.

Signaux : *Appel! Colonnes, contre la cavalerie!*

(L'attaque de la cavalerie ennemie est supposée dirigée contre les 2e, 3e et 4e compagnies.)

8e MOMENT (*fig.* 8). — La cavalerie ennemie est repoussée, l'in-

---

1 Dans le texte allemand, on ne désigne pas le peloton à envoyer en tirailleurs, mais dès qu'il s'agit du peloton désigné sous le nom de *Schützenzug*, c'est le troisième peloton que l'auteur a voulu désigner.

2 Le signal : *Ensemble*, indique un mouvement collectif à exécuter par toute la troupe.

fanterie ennemie a profité de cette attaque pour se rapprocher du bataillon.

Signaux : *En tirailleurs! (Schwärmen)!*

— *Ensemble! En avant! (das Ganze! Avanciren!)*

Disposition : 3e compagnie, 2 pelotons et tirailleurs pour prolonger la ligne à gauche.

9e MOMENT (*fig.* 9). — Après l'attaque infructueuse de sa cavalerie, l'infanterie ennemie se retire lentement.

Notre artillerie profite de ce moment-là pour prendre sa nouvelle position; et, aussitôt, la 1re compagnie se porte à 400 pas en avant du nouvel emplacement de la batterie figurée sur le terrain.

Signaux : *Ensemble! Halte!*

Disposition : 4e compagnie à 100 pas en arrière à gauche de la batterie, ayant un de ses pelotons en tirailleurs sur le flanc gauche;

1re, 2e et 3e compagnies : 1/8 de conversion à gauche.

10e MOMENT (*fig.* 10). — L'infanterie ennemie se maintient; l'ennemi paraît avoir reçu un renfort de cavalerie.

Le commandant du bataillon est informé que, par ordre supérieur, l'artillerie doit se tenir prête à atteler sous la protection d'un soutien de cavalerie.

Disposition : 4e compagnie se rapproche de la 3e; 2e compagnie se réunit à la 1re.

Dans ces 2 compagnies, le 3e peloton est en tirailleurs, les autres sont rassemblés.

Signaux : *Ensemble! Lentement en arrière!*

11e MOMENT (*fig.* 11). — La cavalerie ennemie renforcée attaque notre infanterie; les tirailleurs ennemis avancent également.

Signaux : *Halte! Colonnes, contre la cavalerie!*

(La cavalerie ennemie dirige son attaque sur le front.)

12e MOMENT. — La cavalerie ennemie n'ayant pas réussi à percer notre ligne, se reforme dans le voisinage et menace d'une nouvelle attaque; l'infanterie ennemie continue à avancer.

Signaux : *En tirailleurs! Lentement en arrière!*

13e MOMENT (*fig.* 12). — L'infanterie ennemie s'arrête; la cavalerie ennemie la suit lentement.

Signal : *Face en arrière! (Stopfen!)*

Disposition : Echelons en retraite par la droite et par demi-bataillon.

(La retraite se continue jusqu'à la jonction avec le gros.)

Nous venons de voir comment un bataillon agissant d'une façon indépendante pouvait s'y prendre pour soutenir une batterie attaquée par un adversaire qui disposerait d'une troupe composée d'infanterie et de cavalerie de force à peu près égale. Voyons maintenant comment ce même bataillon devrait opérer pour attaquer *un soutien de batterie composé de 1 compagnie d'infanterie et de 2 escadrons de cavalerie.*

12° EXEMPLE. — UN BATAILLON CONTRE UN SOUTIEN DE BATTERIE (1 COMPAGNIE ET 2 ESCADRONS).

Dans ce cas, une partie du bataillon est spécialement chargée de l'attaque directe de la batterie et cherche à s'en rapprocher le plus possible. Des tirailleurs convenablement postés et qui parviendraient à s'établir à 600 mètres de la batterie pourraient faire aux servants et aux attelages un mal excessif.

A cette distance, le feu est tout à l'avantage de l'infanterie. Pour y arriver, — dit le major Helvig, — il convient de disposer les soutiens réunis soit en arrière des ailes, soit en arrière du centre des tirailleurs désignés pour l'attaque, de façon à se tenir prêts à repousser l'attaque de la cavalerie si elle se présentait, et de profiter, pour se porter en avant, de la configuration du terrain et des moments où la cavalerie a le plus à souffrir du feu de l'ennemi et est dans l'impossibilité d'attaquer.

Il est de la plus haute importance de figurer sur le terrain l'emplacement de la batterie et du soutien, car ce moyen facilite la direction à donner aux troupes d'attaque.

Thème à exécuter. — Un bataillon reçoit l'ordre d'attaquer et de s'emparer d'une batterie ennemie isolée, située à 1,800 pas et qui canonne l'aile gauche de nos troupes. — En exécution de cet ordre, le bataillon se porte en avant en ligne de colonnes de compagnie à distance entière (distance de déploiement).

1er MOMENT (*fig.* 1). — La batterie ennemie tire sur le gros de nos troupes; la force du soutien de batterie n'est pas encore connue; quelques éclaireurs ennemis se montrent seuls.

Disposition : Sur la 1re compagnie double distance.

2e MOMENT (*fig.* 2). — La batterie ennemie lance quelques obus sur les colonnes de compagnie de notre bataillon, aussitôt qu'elles s'approchent à 1,600 pas d'elle; les tirailleurs ennemis et quelques cavaliers se montrent en avant des deux flancs de la batterie.

Signaux : *Ensemble! Halte!*

Le commandant du bataillon se décide à n'employer qu'un seul peloton de tirailleurs contre la batterie et de s'avancer contre les deux ailes de l'ennemi avec un demi-bataillon de chaque côté.

Disposition : 2e compagnie se réunit à la 1re; 3e compagnie se réunit à la 4e, à l'exception du peloton de tirailleurs (3e), qui reste à sa place (ce peloton de tirailleurs est désigné dans les figures par le signe ⌒); puis 1er demi-bataillon au pas gymnastique (*trab*) à 200 pas à droite et 2e demi-bataillon au pas gymnastique à 200 pas à gauche.

3e MOMENT (*fig.* 3). — L'artillerie ennemie continue son feu; quelques patrouilles ennemies cherchent à reconnaître notre force.

Signaux : *Ensemble! En avant!*

Disposition : 4e compagnie déploie son peloton de tirailleurs (3e); 1er demi-bataillon : un peloton de chaque compagnie en tirailleurs.

(Aussitôt que l'attaque de cavalerie sera repoussée, les troupes gagneront au pas gymnastique une certaine étendue de terrain en avant.)

4e MOMENT. — Le feu de l'infanterie ennemie est très-vif et arrête la marche en avant de nos tirailleurs; la cavalerie ennemie paraît vouloir attaquer les deux ailes du bataillon.

Signaux : *Ensemble! Halte!*

Disposition : 1er et 2e demi-bataillons : si la cavalerie attaque, ne pas former le carré; la repousser avec des feux de salves sur quatre rangs.

5e MOMENT (*fig.* 4). — Un escadron ennemi s'avance contre chaque demi-bataillon; mais il n'attaque pas encore.

Disposition : Le peloton de tirailleurs de la 3e compagnie se portera lentement en avant en exécutant des feux de salves par groupe contre la batterie;

1er et 2e demi-bataillons restent à leur place.

6e MOMENT. — Les tirailleurs ennemis dirigent leur feu contre le peloton de tirailleurs de la 3e compagnie qui est maintenant à 700 pas de la batterie; la cavalerie ennemie reste à sa place.

Signaux : *Ensemble! En avant!*

7e MOMENT (*fig.* 5). — Les deux escadrons ennemis attaquent notre bataillon, dès qu'il se porte en avant; l'infanterie ennemie cesse son feu, mais la batterie ennemie dirige le sien contre nos soutiens.

Signaux : *Appel! Colonnes, contre la cavalerie!*

(L'attaque des escadrons ennemis est dirigée contre les deux demi-bataillons.)

8e MOMENT. — La cavalerie ennemie est repoussée.

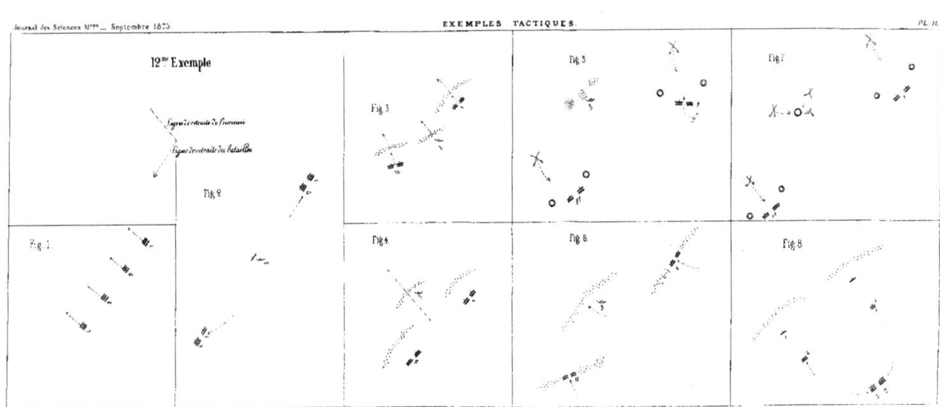
Journal des Sciences Mres — Septembre 1875.
EXEMPLES TACTIQUES.
PL. II.
12me Exemple
Ligne de retraite de l'ennemi
Ligne de retraite du bataillon
Fig. 1.
Fig. 2
Fig. 3
Fig. 4.
Fig. 5
Fig. 6.
Fig. 7
Fig. 8.

Signaux : *Ensemble! En avant!* (Gagner au pas gymnastique une certaine étendue de terrain.)

9e MOMENT (*fig.* 6). — La batterie ennemie amène son avant-train; l'infanterie ennemie se retire lentement; la cavalerie se rallie plus loin en arrière.

Signaux : *Ensemble! Halte!*

Disposition : Peloton de tirailleurs de la 3e compagnie : feu rapide; 1er et 2e demi-bataillons : feux de salves contre la batterie amenant son avant-train.

10e MOMENT (*fig.* 7). — L'infanterie ennemie accélère sa marche en arrière; la cavalerie, afin de donner à la batterie le temps d'atteler, charge en fourrageurs le peloton de tirailleurs de la 3e compagnie, et à rangs serrés contre les deux demi-bataillons.

Signaux : *Appel! Ensemble! Colonnes, contre la cavalerie!*

(Le front entier du bataillon est attaqué.)

11e MOMENT (*fig.* 8). — La batterie ennemie et son soutien ont gagné le temps nécessaire pour se retirer; la cavalerie les suit au trot.

Signal : *Rassemblement!*

Disposition : Le bataillon prend position sur le terrain, ayant en 1re ligne les 1re et 4e compagnies et en 2e ligne à 400 pas en arrière les 2e et 3e compagnies.

Sans doute, il n'y a qu'une excellente infanterie qui puisse ainsi s'avancer contre une batterie, sans se désorganiser et sans se débander. De bons tireurs, qui parviendraient à la faveur du terrain à s'approcher à bonne portée des pièces, pourraient lui faire un mal réel. Mais le difficile est précisément de s'établir à bonne portée. En général, le danger pour la troupe qui s'avance ne vient pas des pièces, car la marche constante en avant de l'infanterie empêche les artilleurs de rectifier leur tir par l'observation du point d'éclatement des projectiles, et, par suite, les oblige à changer de hausse à tout instant, ce qui ne peut se faire qu'au détriment de la précision du tir. Le danger vient surtout du soutien de la batterie. Nous n'avons pas à rechercher ici si, dans l'avenir, on pourra assez se rapprocher des pièces pour leur causer un dommage réel, bien que la guerre de 1870-1871 nous en offre quelques exemples; mais nous croyons cependant qu'une artillerie bien couverte par l'infanterie rendrait peut-être ce résultat impossible.

Quoi qu'il en soit, nous avons dit ci-dessus que lorsque l'artillerie combattait à une petite distance de l'infanterie, elle pouvait se passer d'un soutien spécial. Dans ce cas, la manière d'attaquer est différente, et un bataillon qui serait appuyé sur ses flancs par d'autres troupes et suivi en arrière par une réserve générale, pourrait être employé tout entier en tirailleurs ou dans l'ordre dispersé.

18e EXEMPLE.

On suppose que le bataillon d'attaque forme le centre de la première ligne d'une brigade.

1er MOMENT (*fig.* 1). — L'ennemi s'est retiré dans une position défensive; il reçoit des troupes fraîches et il démasque une batterie de mitrailleuses au centre de sa ligne.

Le bataillon s'est porté en avant: les 2e et 4e compagnies, en 1re ligne, ont chacune 2 pelotons en tirailleurs et en soutien; les 1re et 3e compagnies sont à rangs serrés et à 300 pas en arrière. La batterie de mitrailleuses est à 1,400 pas et lui fait éprouver des pertes sérieuses.

Signal : (*Tel*) *bataillon! Halte!*

Disposition : 2e et 4e compagnies entièrement en tirailleurs; 1re et 3e compagnies en tirailleurs et restent à leur distance de 300 pas.

2e MOMENT. — Les troupes ennemies qui se trouvent en avant et des deux côtés de la batterie de mitrailleuses sont repoussées par notre brigade.

Le bataillon reçoit du commandant de la brigade l'ordre de s'emparer de la batterie de mitrailleuses aussi rapidement que possible.

Signaux : (*Tel*) *bataillon! Pas gymnastique!* (S'avancer de 300 pas.) — (*Tel*) *bataillon! Halte!* (A environ 1,100 pas de la batterie.)

3e MOMENT (*fig.* 2). — La batterie de mitrailleuses dirige son feu presque exclusivement sur le bataillon.

Disposition : 1re et 3e compagnies se rapprochent rapidement à 100 pas de la ligne des tirailleurs.

Signal : *Commencez le feu!* (Les 2e et 4e compagnies exécutent le feu de salves par groupes (*Gruppenweise*).

4e MOMENT (*fig.* 3).— La batterie de mitrailleuses recule de quelques pas ; mais seulement dans le but de mieux s'abriter.

Disposition : 1re et 3e compagnies se portent rapidement à 200 pas au delà des 2e et 4e compagnies (à environ 900 pas de la batterie).

5e MOMENT.— Le tir de la batterie est toujours aussi vif.

Disposition : 2e et 4e compagnies traversent la ligne des 1re et 3e compagnies et se portent rapidement à 200 pas en avant d'elles. (Les tirailleurs sont maintenant à 700 pas de la batterie.)

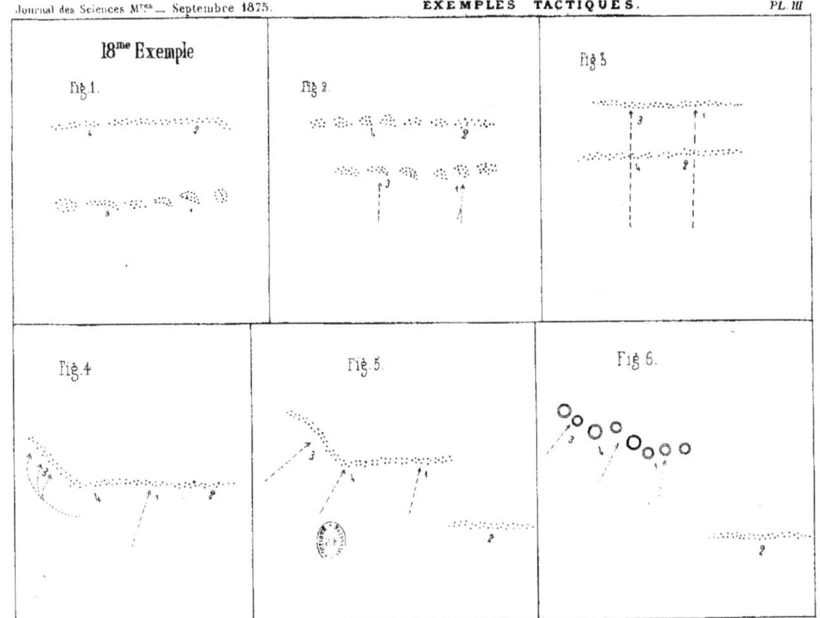

Librairie Mre de J. Dumaine Editeur r. et pas. Dauphine. 30. Paris
Lith. Hermet

6e MOMENT (*fig.* 4). — L'infanterie ennemie, placée à gauche de la batterie de mitrailleuses, agit maintenant vigoureusement contre l'aile droite du bataillon.

Le commandant du bataillon, pour avoir moins à souffrir de l'ennemi, se décide à continuer l'attaque avec son aile gauche.

Disposition : 3e compagnie prolonge l'aile gauche des tirailleurs et crochet offensif;

1re compagnie s'intercale entre les 2e et 4e compagnies.

7e MOMENT (*fig.* 5). — La batterie ennemie cesse son feu, ce qui suppose un mouvement de la 2e ligne ennemie.

Disposition : 2e compagnie reste à sa place.

Signaux : (*Tel*) *bataillon! Pas gymnastique!* (Gagner 200 pas en avant).

(Tel) bataillon! Halte! Feu rapide! (Le bataillon est actuellement à 500 pas de la batterie).

8e MOMENT.—La batterie de mitrailleuses amène son avant-train ; quelques attelages arrivent en désordre.

Signaux : (*Tel*) *bataillon! En avant! Marche! marche!*

9e MOMENT (*fig.* 6). — Un escadron qui, jusqu'à présent, s'était tenu à l'écart, s'élance à l'attaque du bataillon.

Signaux : *Appel! Colonnes, contre la cavalerie!*

10e MOMENT. — La cavalerie ennemie est repoussée ; mais la batterie de mitrailleuses a le temps de se retirer.

Le bataillon reçoit l'ordre d'occuper immédiatement la position sur laquelle il se trouve.

Disposition : 3e et 4e compagnies : 2 pelotons chacune en tirailleurs et 1 en soutien;

1re et 2e compagnies se rassemblent en colonne de demi-bataillon, à 300 pas en arrière des tirailleurs.

Nous venons de reproduire littéralement trois des *exemples tactiques* du major Hugo Helvig. Avant d'aller plus loin, nous ferons ici quelques observations.

D'accord avec le règlement actuel sur l'exercice et les manœuvres de l'infanterie prussienne, l'auteur reconnaît qu'avec l'éparpillement actuel des troupes, il est impossible aux officiers de commander actuellement un front aussi étendu qu'autrefois. En conséquence, il préfère généralement disposer en profondeur les troupes sous un même commandement.

C'est ainsi que nous voyons, dans les 12e et 13e exemples, les soutiens appartenir à la même compagnie que les tirailleurs. De cette manière, lorsque les soutiens se sont petit à petit fondus dans la chaîne, le commandement de chaque fraction de la ligne appartient à un seul et unique chef, et les compagnies ne se mélangent pas entre elles. — Cette disposition a surtout l'avantage de restreindre pour chaque chef le front de ses troupes engagées, et de lui rendre ainsi la surveillance plus facile. — Cette manière de procéder est celle du règlement, mais elle est contraire aux principes posés par le lieutenant-colonel de Scherff dans ses écrits sur la *Tactique de l'infanterie;* s'appuyant sur l'unité de commandement, ce dernier recommande, pour toute opération ayant un objectif unique, une compagnie en tirailleurs et une autre en soutien. Les raisons qu'il donne en faveur de sa méthode sont les suivantes : Une ligne de tirailleurs fournie par une seule compagnie a toujours un mouvement de gravitation naturelle vers le chef qui commande, tandis que deux compagnies, marchant de pair dans une même ligne de tirailleurs, doivent être soumises à une influence centrifuge très-prononcée. Par suite, et contrairement à l'intérêt général, la direction donnée au feu, qui devrait être convergente, ne le sera plus, et, en outre, il n'y aura aucune unité, aucun accord d'idées entre les deux capitaines sur le point à choisir pour forcer la ligne ennemie. Les appréciations de ces deux chefs commandant des fractions distinctes différeront souvent sur le choix du moment opportun pour commencer le feu, entamer le feu rapide, pour conduire la marche en avant par bonds et par fractions, etc., etc.; ce qui conduira inévitablement à des tiraillements et à des lenteurs. Nous croyons que toutes les raisons données par l'écrivain allemand sont plus spécieuses que vraies. En vertu de ce principe militaire qui veut que le commandant d'une troupe marche avec la moitié de sa troupe au moins, deux compagnies en tirailleurs en première ligne seront sous le commandement direct du chef de bataillon. Donc l'unité de commandement existe. Selon nous, la méthode réglementaire est la bonne; ce qui n'empêche pas le major Hugo Helvig de s'en écarter complétement dans son 23e exemple, au sujet de la défense d'une forêt; tant il est vrai qu'en tactique, il est difficile de donner des principes absolus. Ce qui est bon dans un cas ne saurait l'être dans un autre. Raison de plus pour étudier et nous rendre compte de ce qui pourrait être fait dans des circonstances analogues. La *Literatur-Blatt zur Allgemeinen Militair Zeitung* donne raison au lieutenant-colonel de Scherff quand elle dit : « En plaine « ou en terrain découvert, une seule compagnie doit être préférée « à deux compagnies accouplées, parce qu'elle offre plus de cohé- « sion; mais, en terrain couvert, il faut au contraire éviter les lon- « gues chaînes et combattre dans l'ordre perpendiculaire. »

C'est précisément l'inverse de la méthode du major Helvig; témoin l'exemple que nous allons reproduire ci-dessous.

23e EXEMPLE. — UN BATAILLON EN LIAISON AVEC UNE BRIGADE.

Défense d'une forêt.

Un bataillon faisant partie d'une brigade et qui a une petite forêt à défendre, doit employer toutes ses forces à la conservation de la lisière. L'avantage est ici au défenseur; car l'assaillant est obligé de s'avancer à découvert, tandis que le défenseur est complétement à l'abri. Un combat dans l'intérieur d'une forêt est excessivement difficile; on ne peut y exécuter que rarement des retours offensifs avec des troupes à rangs serrés. Toutes les forces dont on dispose doivent donc être employées pour la défense la plus vigoureuse possible de la lisière et pour assaillir l'ennemi lorsqu'il y arrive. Si la défense ne réussit pas à repousser l'attaque, le bataillon en entier se retirera en combattant avec ténacité. Une fois arrivé sur la lisière opposée (débouché de la forêt), c'est aux officiers et aux commandants de compagnie à réunir leurs troupes en ordre et à les diriger le plus rapidement possible sur une position défensive éloignée de 200 à 300 pas de la forêt. Dès que celle-ci est évacuée, il faut arriver au pas de course sur sa nouvelle position, de façon à rester le moins longtemps possible exposé au feu de l'ennemi débouchant de la forêt. Si les circonstances ne permettent pas de reprendre l'offensive, le rôle de la défense consiste précisément à empêcher l'ennemi de déboucher de la forêt.

Ainsi, d'après l'exposé ci-dessus, on voit que la défense d'une forêt comprend : 1° le combat sur la lisière; 2° la lutte dans l'intérieur; 3° le combat au débouché.

Combat sur la lisière. — Les tirailleurs s'abritent derrière les arbres et les abatis, de manière à ne pas être vus et à découvrir le terrain en avant d'eux. Ils occupent le voisinage des routes et des chemins qui pénètrent dans le bois, afin de pouvoir croiser leurs feux sur ces communications; les saillants, pour flanquer les parties voisines; les points élevés de la lisière, afin de mieux découvrir l'ennemi et de l'atteindre plus sûrement; les irrégularités de terrain qui peuvent offrir de bons abris; les futaies qui contiennent de gros arbres, et enfin les taillis. — Les soutiens ne pouvant pas se porter facilement au secours de la ligne, en raison de la difficulté de se mouvoir dans les bois, sont fractionnés de manière que les ailes et le centre de la ligne aient à petite distance, en arrière, quelques groupes pour les soutenir. La réserve est établie dans un carrefour ou sur un chemin que l'ennemi ne peut voir. Les tirailleurs défendent les accès des bois par un feu bien ajusté. Lorsque l'ennemi aborde la lisière, ils exécutent un feu rapide, tandis que les soutiens, et au besoin la réserve, s'élancent sur lui à la baïonnette pour l'empêcher de faire irruption dans la forêt, ou pour l'en chasser s'il y avait pris pied.

Combat dans l'intérieur.— En se retirant, les groupes resserrent leurs intervalles; plus le bois est épais, moins grands seront les intervalles qui séparent les groupes entre eux et les distances des groupes aux soutiens. Les tirailleurs se bornent à défendre les clairières, les carrefours, les ravins, les cours d'eau, etc.

Combat au débouché.—Les positions défensives prises au débouché doivent être choisies de façon à opposer à l'ennemi un feu concentré et aussi rapide que possible.

Voici comment on pourrait procéder, d'après le major Helvig, pour le cas qui nous occupe.

Un bataillon est supposé occuper, à l'aile gauche de la première ligne d'une brigade, une petite forêt dont la lisière a une longueur d'environ 1,200 pas; — le 1er demi-bataillon est à l'aile droite, et le 2e demi-bataillon à l'aile gauche; les 1re et 4e compagnies ont déployé chacune 2 pelotons en tirailleurs, les 2e et 3e compagnies sont à 150 pas en arrière de là.

1er MOMENT (*fig.* 1). — L'ennemi, après un combat acharné, a réussi à repousser un peu l'aile droite de notre brigade, et il dirige maintenant des forces considérables sur son aile gauche, qui est appuyée à une petite forêt.

Disposition : 1re et 4e compagnies entièrement en tirailleurs.

2e MOMENT (*fig.* 2). — L'ennemi paraît diriger son attaque contre notre aile droite, et se borne à occuper le front de sa position.

Disposition : 2e compagnie se porte par peloton (*Zugsweise*) à 50 pas en arrière de la 1re compagnie.

3e MOMENT (*fig.* 3). — L'attaque de l'ennemi se prononce.

Disposition : 2e compagnie renforce la 1re; feu de salves par *essaims;*

3e compagnie, à 100 pas en arrière de l'aile droite;

4e compagnie, laisse en tirailleurs son 3e peloton; les deux autres pelotons se portent à gauche de la 3e compagnie, à 50 pas en arrière de la ligne des tirailleurs.

4e MOMENT (*fig.* 4). — Les tirailleurs ennemis se sont rapprochés à 300 pas de la lisière, et ouvrent un feu très-rapide.

Disposition : 3e compagnie, un peloton renforce l'aile droite; les deux autres pelotons en tirailleurs, à 50 pas en arrière des tirailleurs de la lisière;

4e compagnie, les deux pelotons à rangs serrés se déploient en tirailleurs, à gauche et à côté de la 3e compagnie.

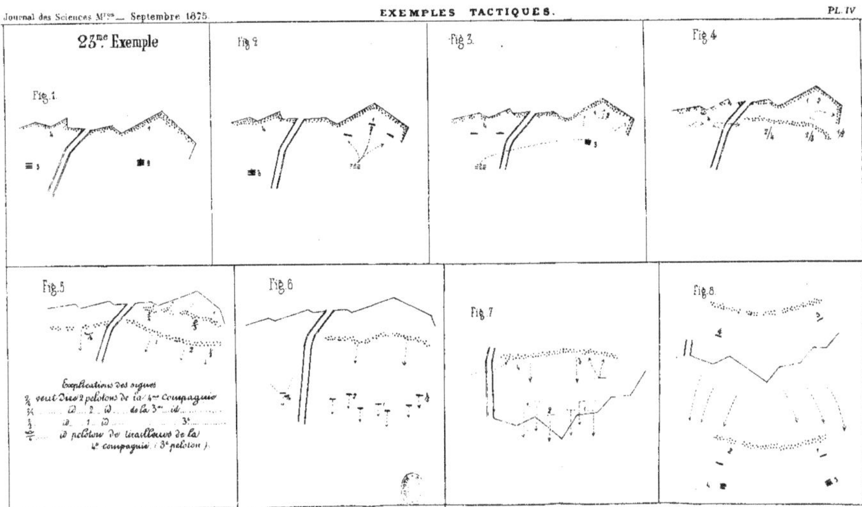
Journal des Sciences Mres — Septembre 1875.
EXEMPLES TACTIQUES.
PL. IV
23me Exemple
Fig. 1.
Fig. 2
Fig. 3.
Fig. 4
Fig. 5
Explications des signes
2/4 veut dire 2 pelotons de la 4me Compagnie
2/3 id. 2 id. de la 3me id.
1/3 id. 1 id. 3e
id. peloton de tirailleurs de la 4e compagnie (3e peloton).
Fig. 6
Fig. 7
Fig. 8.

(On suppose ici que la lisière de la forêt, menacée à l'aile droite, ne permet pas une occupation très-serrée.)

5e MOMENT. — L'ennemi renforce encore une fois ses tirailleurs, et paraît s'avancer à l'attaque.

Si l'ennemi ne peut pas être arrêté dans son attaque, les tirailleurs de la lisière, au signal de : *Rapidement en arrière!* (*Rasch Zuruck!*), sont relevés rapidement par la 2e ligne de tirailleurs qui, au signal de : *Marche! marche!* s'élance à l'attaque et essaye de chasser l'ennemi de la lisière.

Signal : *Feu rapide!*

6e MOMENT (*fig.* 5). — L'ennemi s'élance à l'attaque, et réussit à atteindre la lisière de la forêt, en essuyant de grandes pertes.

Signaux : *Rapidement en arrière!* (La 1re ligne de tirailleurs se replie en arrière sur la 2e, qui la relève.) — Ensuite : *Marche! marche!* (*Tous les officiers de la* 1re *compagnie, le chef de compagnie et un commandant de peloton de la* 2e *sortent des rangs, comme mis hors de combat.*)

7e MOMENT (*fig.* 6). — L'ennemi se maintient sur la lisière de la forêt; ses soutiens s'en rapprochent rapidement, on ne réussit pas à le chasser de là.

Signaux : (*Tel*) *bataillon! Lentement en arrière!*

Disposition : Les tirailleurs (1re et 2e compagnies, 1 peloton de la 3e et le peloton de tirailleurs (3e) de la 4e compagnie) se rassemblent en battant en retraite.

8e MOMENT (*fig.* 7). — Quatre pelotons en tirailleurs des 3e et 4e compagnies essayent d'arrêter le plus possible la marche en avant de l'ennemi, qui nous refoule dans la forêt.

Disposition : 3e et 4e compagnies renforcent les tirailleurs de un peloton chacune;

1re et 2e compagnies prennent le plus rapidement possible une position défensive indiquée par le commandant du bataillon, en arrière des débouchés de la forêt, afin de recueillir les tirailleurs en cas d'évacuation de l'intérieur.

9e MOMENT (*fig.* 8). — On ne réussit pas à arrêter l'ennemi, qui continue à pousser devant lui nos tirailleurs.

Aussitôt que les 1re et 2e compagnies ont pris la position défensive qui leur a été assignée :

Signal : *Rapidement en arrière!*

Disposition : 3e et 4e compagnies se rassemblent en arrière des ailes de la position prise par les 1re et 2e compagnies.

10e MOMENT. — L'ennemi essaye de s'élancer au dehors de la forêt.
Disposition : 1re et 2e compagnies entièrement en tirailleurs.
Signal : *Feu rapide !*

11e MOMENT. — Les tirailleurs ennemis se retirent dans l'intérieur de la forêt.

Signaux : *(Tel) bataillon ! Lentement en arrière !*

Disposition : 1re compagnie, arrière-garde ; 2 pelotons en tirailleurs. Le bataillon se rassemble en ligne de colonnes de compagnie à distance double, et marche en retraite.

La *Literatur-Blatt zur Allgemeinen Militair Zeitung* fait, au sujet de cet exemple, des réflexions qui ne sont pas sans valeur, et qui trouvent naturellement leur place ici. « L'auteur ne nous paraît pas suivre la règle généralement tracée. Il suppose que le bataillon occupe une forêt traversée par un chemin à peu près en son centre, et il confie l'aile droite à la 1re compagnie, l'aile gauche à la 4e, comme si le chemin appartenait dans la zone de surveillance de cette dernière (*fig.* 1). La 2e compagnie se tient dans l'intérieur de la forêt, en arrière de la 1re, et la 3e à proximité du chemin, en arrière de la 4e. L'ennemi presse à l'aile droite ; la 1re compagnie, renforcée de la 2e, n'est pas en mesure de défendre la lisière de la forêt, et la 3e compagnie est appelée à l'aile droite (*fig.* 3). Plus tard, cette 3e compagnie se déploie en tirailleurs avec un peloton de la 4e compagnie, amené là pour recueillir les tirailleurs de la lisière de la forêt à l'aile droite (*fig.* 4). C'est, suivant nous, mélanger à dessein les unités tactiques. Il eût été préférable de partager la lisière totale de la forêt en un certain nombre de sections de 120 à 200 pas, confiées chacune à la défense d'une compagnie. Nous n'aurions pas non plus laissé le chemin sans défense, car un adversaire entreprenant pouvait s'en emparer et le traverser rapidement, une fois maître de la lisière. » Faisons encore une remarque. Le major Helvig, dans plusieurs de ses *exemples tactiques*, aime à relever ses tirailleurs au moment d'une attaque, afin d'avoir à présenter des troupes fraîches à l'ennemi. La fig. 5 du 23e exemple nous en fournit une preuve. Ce principe de relever les tirailleurs au moment d'une attaque est-il absolument conforme à la guerre ? La *Literatur-Blatt zur Allgemeinen Militair Zeitung* prétend que non. « Tout ce qui est au feu doit y rester jusqu'à l'épuisement. Sans doute, il est bon de donner confiance aux soldats, en leur faisant comprendre qu'ils sont soutenus et que, bien qu'on les retire du combat, ils possèdent encore une certaine valeur ; mais ce n'est pas ainsi que les choses se passent dans la réalité. Lorsqu'une ligne est épuisée, il faut la renforcer, en y intercalant une autre ligne, et le tout doit ensuite avancer ensemble. D'ailleurs, Napoléon Ier l'a dit : *Une troupe en première ligne est épuisée après deux heures de combat.* »

La *Belgique militaire* va plus loin : « Une fois la préparation du choc entamée, il ne faut pas songer à pouvoir relever ou retirer les tirailleurs ; ceux-ci seraient inévitablement culbutés et entraîneraient dans leur fuite ceux qui viendraient pour les relever. » Sans vouloir engager une polémique à ce sujet, nous croyons qu'en effet ce n'était pas ici le cas de suivre la formation préconisée par le lieutenant-colonel de Scherff, qui veut deux compagnies en 1re ligne, soutenues en arrière par les deux autres. En violant l'ordre perpendiculaire, le major Hugo Helvig semble vouloir le désordre ; car la confusion des compagnies doit forcément s'ensuivre. Trois compagnies accolées doivent être préférables, et cela sous tous les rapports, chaque compagnie ayant un peloton en soutien. De cette manière, les secours successifs, au fur et à mesure qu'ils arrivent, groupent les compagnies, au lieu de les mélanger. Cette disposition serait essentiellement conservatrice de l'ordre, et c'est ce que l'on doit chercher avant tout dans les formations dispersées. — Cette petite critique ne détruit en rien le mérite des *exemples tactiques* du major Helvig ; car, n'oublions pas qu'il s'agit ici de manœuvres exécutées sur la place d'exercices et qu'avant tout il faut dresser les troupes à se reconnaître dans le désordre, et à ne pas perdre leur chef de vue. Sous ce rapport, l'armée allemande est exercée de façon que les officiers sachent tirer le plus grand parti possible du fractionnement inévitable de leur troupe au combat ; et les différentes colonnes de compagnie sont employées dans l'action, suivant le terrain et les circonstances, et sans avoir égard à leur ordre tactique et à leur numéro dans le bataillon. L'exemple suivant, basé sur les prescriptions réglementaires, nous en fournit une preuve irréfutable.

16e EXEMPLE. — UN BATAILLON EN LIAISON AVEC UNE BRIGADE.

Attaque d'un bois.

Lorsqu'un bataillon, en liaison avec une brigade, reçoit l'ordre d'enlever une position, telle qu'une ferme, un village ou un bois, toutes les forces dont se compose le bataillon doivent être employées pour remplir le but proposé, le plus sûrement et le plus rapidement possible. Si, aux distances éloignées, la répartition des troupes ennemies n'est pas suffisamment connue, ainsi que la configuration de l'objet à attaquer, le feu doit être concentré sur les points que l'on a le plus particulièrement en vue, et l'attaque doit avoir lieu en même temps de tous les côtés à la fois. Une fois le choc entamé, il doit être continué sans désemparer, et avec toute l'énergie possible, jusqu'à ce que l'on ait atteint la lisière opposée de l'objet à enlever. Si l'attaque réussit, il faut : 1° occuper la position conquise de façon à prévenir les éventualités d'un retour offensif; 2° former ensuite les troupes en ordre serré et compact. (L'ordre tactique n'a pas besoin d'être observé; il en sera temps plus tard.)

1er MOMENT (*fig.* 1). — L'ennemi défend une position; son aile droite est appuyée à un bois situé en avant, et qu'il occupe.

Notre brigade soutient le combat depuis longtemps; elle ne peut pas avancer parce que, de ce bois, l'ennemi flanque toute la ligne de combat. Le bataillon se trouve échelonné par demi-bataillon, en arrière, à l'aile gauche de la 1re ligne de la brigade.

2e MOMENT (*fig.* 2). — Le feu ennemi qui part du bois force la brigade à s'arrêter.

En conséquence, le commandant de la brigade donne l'ordre au bataillon de l'aile gauche d'attaquer le bois avec un demi-bataillon, l'autre restant sur la première ligne de la brigade.

Avant d'entrer dans le détail des phases successives du combat, donnons ici quelques explications sur la manière d'attaquer un bois. Cette attaque doit être dirigée sur les points les plus faibles, c'est-à-dire les saillants, et sur les parties dont il est possible de s'approcher à couvert. Les saillants sont entourés et attaqués au pas de course. Dès que les tirailleurs sont parvenus à enlever un point de la lisière, on les renforce et on les étend le long de la lisière. Une fois la lisière emportée, les tirailleurs, suivis de près par les soutiens, pénètrent plus avant dans le bois. On s'avance ainsi, avec précaution, le long des chemins et de la lisière. Une partie de la réserve a pour mission d'atteindre, si c'est possible, les débouchés du bois assez à temps pour recevoir l'ennemi par un feu très-vif, lorsqu'il abandonnera le terrain boisé. A ce moment-là, les tirailleurs occuperont solidement la lisière, et tâcheront d'en éloigner l'ennemi par leurs feux.

Maintenant, revenons aux dispositions tactiques du major Helvig.

Disposition : 2e demi-bataillon, un huitième de conversion à gauche; 3e compagnie, entièrement en tirailleurs; 4e compagnie, un peloton en arrière de chacune des deux ailes, comme soutien; ensuite, se porter par peloton en avant jusqu'à 300 pas du bois.

3e MOMENT (*fig.* 3). — Les défenseurs de la lisière du bois sont renforcés; le feu ennemi est dirigé principalement sur l'aile gauche du demi-bataillon chargé de l'attaque, ce qui fait supposer une attaque de ce côté.

Disposition : 2e demi-bataillon : soutiens en tirailleurs sur le prolongement des ailes.

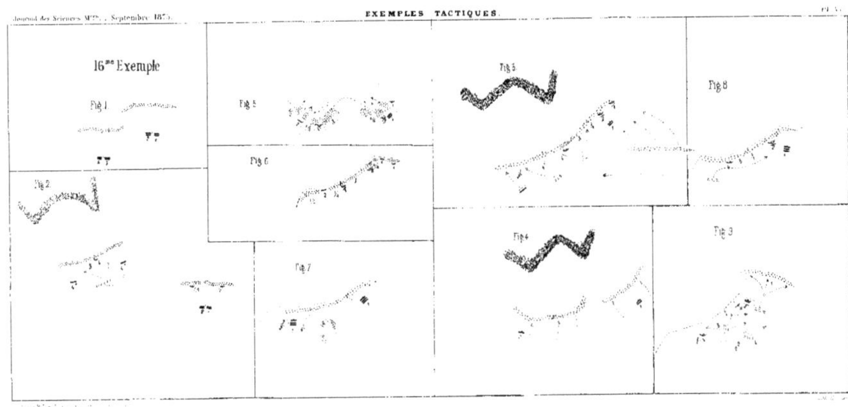
Journal des Sciences M^{res}, Septembre 1875.
EXEMPLES TACTIQUES.
16me Exemple
Fig 1
Fig 2
Fig 5
Fig 6
Fig 7
Fig 3
Fig 8
Fig 4
Fig 3

Le commandant du bataillon donne l'ordre au bataillon tout entier de prendre part à l'attaque.

1er demi-bataillon : les pelotons à rangs serrés de la 2e compagnie renforcent l'aile gauche (1 peloton en tirailleurs et 1 peloton en soutien); la 1re compagnie et le peloton de tirailleurs (3e) de la 2e compagnie conversant à gauche pour se réunir à l'aile droite des tirailleurs du 2e demi-bataillon.

4e MOMENT (*fig.* 4). — L'ennemi ne prend aucune disposition pour exécuter une contre-attaque en dehors du bois ; cependant celui-ci est fortement occupé, surtout à l'angle saillant.

Disposition : au signal de : *Rapidement en avant!* (*Rasch avanciren!*), la 1re compagnie, le peloton de tirailleurs de la 2e et 1 peloton de la 4e compagnie se précipitent à l'attaque de l'angle saillant ; les autres troupes s'élancent sur la lisière du bois ; — avancer ensemble de 100 pas et par groupe ; — feu rapide contre les points attaqués.

5e MOMENT (*fig.* 5). — L'ennemi, en raison de l'intensité de notre feu, paraît avoir abandonné l'angle saillant du bois.

Signaux : (*Tel*) *bataillon! En avant!*

6e MOMENT (*fig.* 6). — L'ennemi est chassé de la lisière et est poursuivi au travers du bois.

(Arrivé à la lisière opposée.)

Signaux : (*Tel*) *bataillon! Halte! Feu rapide!*

(Le commandant du bataillon fait sortir des rangs, comme mis hors de combat, les chefs des 1re et 2e compagnies, tous les officiers de la 4e compagnie; dans la 3e il ne reste plus que le chef de compagnie.)

7e MOMENT (*fig.* 7). — L'ennemi se retire à 700 pas de la lisière du bois, qui est maintenant occupée par notre bataillon.

Disposition : 3 pelotons se rassemblent sur chacun des flancs de droite et de gauche.

8e MOMENT (*fig.* 8). — Les mouvements de l'ennemi font pressentir une contre-attaque sur l'aile droite du bataillon.

Disposition : Les trois pelotons à rangs serrés se transportent de l'aile gauche en arrière de l'aile droite.

La 1re compagnie fait face à droite.

9e MOMENT (*fig.* 9). — L'ennemi continue sa retraite.

La brigade marche alors à l'attaque de la position principale de l'ennemi.

Disposition : 1re compagnie, en tirailleurs, se porte en avant dans la direction primitive;

2e, 3e et 4e compagnies se rassemblent en ligne de colonnes à distance entière (*Compagnie-colonnen mit ganzer Distanze*) et suivent la 1re.

Tous les exemples tactiques du major Helvig sont à lire et à méditer. Ils résument dans leur ensemble tous les procédés en usage en Allemagne, quant à la manière de combattre et de conduire les troupes. Nous en citerons encore un dernier exemple, tout en regrettant de ne pouvoir nous étendre plus longuement sur cet intéressant sujet.

24e EXEMPLE. — 1 BATAILLON ET 1 PELOTON DE CAVALERIE (24 CAVALIERS) AUX AVANT-POSTES CONTRE 2 COMPAGNIES ET 2 ESCADRONS.

Une chaîne d'avant-postes a simplement pour mission de voir et de rendre compte. Les grand'gardes soutiennent la première résistance; à cet effet, à la première attaque elles se partagent en ligne de tirailleurs et soutiens. Les piquets prennent part au combat comme réserve des tirailleurs. Les avant-postes ont dès lors pour mission de s'opposer à la marche en avant de l'ennemi, de le repousser, d'agir contre un de ses flancs, ou au moins de l'arrêter, jusqu'à ce que le gros de la troupe qui suit en arrière soit prêt à entrer en action.

Dans le cas qui nous occupe ici, la composition des forces ennemies rend difficile l'emploi d'une ligne de tirailleurs trop étendue, tant que la cavalerie ennemie est encore intacte.

Le bataillon est supposé couvrir le bivouac d'une brigade. Les 1re et 4e compagnies sont en 1re ligne; chacune de ces deux compagnies forme 2 grand'gardes (*Feldwachen*) et 1 piquet; les sentinelles sont doubles (*Doppelposten*). A 800 pas en avant de la chaîne des sentinelles se trouvent quelques petites patrouilles de cavalerie. Deux cavaliers sont attachés à chaque grand'garde; le reste de la cavalerie se trouve avec les 2e et 3e compagnies, qui constituent le gros des avant-postes.

1er MOMENT (*fig.* 1). — Des éclaireurs ennemis suivis par quelques troupes d'infanterie et de cavalerie à rangs serrés s'aperçoivent au loin.

Disposition : Les patrouilles de cavalerie se retirent lentement sur la chaîne des sentinelles.

2e MOMENT (*fig.* 2). — L'ennemi ne laisse voir jusqu'à présent que 2 escadrons et 1 compagnie qui se dirigent sur l'aile gauche de nos avant-postes.

Disposition : Les patrouilles de cavalerie et les sentinelles se retirent sur les grand'gardes;

2e et 3e compagnies se portent à l'aile gauche.

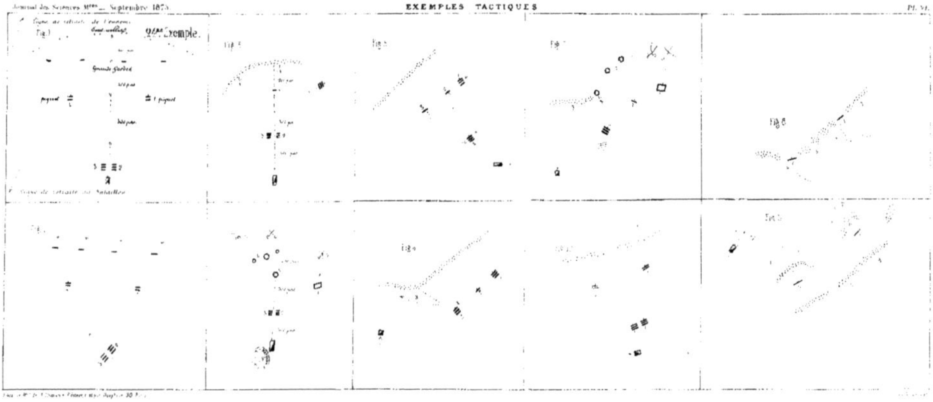

Ligne de retraite de l'ennemi
Fig. 1
2ème Exemple.
Grande Garde
piquet
1 piquet
Ligne de retraite du bataillon
Fig. 8

3e MOMENT (*fig.* 3). — Une 2e compagnie ennemie se montre sur le flanc gauche des avant-postes ; l'infanterie ennemie ouvre le feu ; la cavalerie ennemie prend position à la gauche de son infanterie.

Disposition : 4e compagnie : 1 peloton en tirailleurs sur le front et 1 sur le flanc gauche ; ces deux pelotons commencent le feu ;

1re compagnie se rapproche de la 4e ; pendant ce mouvement les grand'gardes se retirent ;

2e et 3e compagnies continuent à avancer et prennent position à 300 pas en arrière de la 4e compagnie ; le peloton de cavalerie se rassemble à 400 pas en arrière des 2e et 3e compagnies.

4e MOMENT (*fig.* 4). — Un demi-escadron ennemi attaque en fourrageur l'aile droite de nos tirailleurs ; un autre demi-escadron charge la 1re compagnie.

Signaux : 1re *et 4e compagnie ! Colonnes, contre la cavalerie !*

(L'attaque s'exécute de face contre les 1re et 4e compagnies.)

5e MOMENT (*fig.* 5). — La cavalerie ennemie se retire ; mais, pendant cette attaque, l'infanterie ennemie s'est rapprochée du flanc gauche du bataillon et force, par la supériorité de son feu, la 4e compagnie à battre en retraite.

Disposition : 4e compagnie, lentement en arrière ; se rassemble à 400 pas en arrière après avoir été relevée ;

2e et 3e compagnies : 1/8 de conversion à gauche ; ces 2 compagnies fournissent chacune 2 pelotons en tirailleurs pour relever la 4e compagnie ;

1re compagnie au pas gymnastique à 200 pas en arrière de l'aile droite des tirailleurs ;

Le peloton de cavalerie à 600 pas en arrière de la position de la 1re compagnie.

6e MOMENT (*fig.* 6). — Les tirailleurs des 2e et 3e compagnies empêchent l'infanterie ennemie d'avancer ; la cavalerie ennemie a pris position contre le flanc droit de l'infanterie du bataillon et menace d'une nouvelle attaque.

Le commandant du bataillon se décide à prendre l'offensive avec son aile gauche, qui n'est pas menacée par la cavalerie ennemie.

Disposition : 3e compagnie entièrement en tirailleurs ; crochet offensif à gauche ;

4e compagnie se porte à la place de la 3e compagnie ; le peloton de cavalerie s'établit à 300 pas en arrière à gauche de l'aile gauche des tirailleurs.

L'infanterie ennemie commence à plier lentement. — La cavalerie ennemie attaque pour dégager son infanterie.

7e MOMENT (*fig.* 7). — Signaux : 1re *compagnie !* } *Colonnes, contre la cavalerie !*
— 2e *compagnie !* } *Feu rapide !*

L'attaque de la cavalerie est dirigée contre le flanc droit des tirailleurs et contre la 1re compagnie ; l'aile gauche des tirailleurs reste déployée.

8e MOMENT. — La cavalerie ennemie est repoussée avec pertes.
Signaux : *En tirailleurs !*
— *Ensemble ! En avant !*

9e MOMENT (*fig.* 8). — L'infanterie ennemie se maintient et soutient la vivacité de son feu ; la cavalerie ennemie se rallie plus loin en arrière.
Signaux : *Ensemble ! Halte !*
Disposition : 2e compagnie entièrement en tirailleurs ;
4e compagnie déployée à rangs serrés à l'aile gauche de la ligne des tirailleurs ; feux de salves ;
1re compagnie déployée à rangs serrés sur l'aile droite de la ligne des tirailleurs ; feux de salves.

10e MOMENT (*fig.* 9). — L'infanterie ennemie commence à battre en retraite.
Signal : *Marche ! marche !*
Les 1re et 4e compagnies se précipitent en avant, précédées de leur peloton de tirailleurs.
Le peloton de cavalerie charge en fourrageurs le flanc droit de l'ennemi, en passant par la gauche de la 4e compagnie.

11e MOMENT (*fig.* 10). — L'infanterie ennemie n'attend pas l'attaque ; elle se retire rapidement ; un escadron de cavalerie ennemie a pris position en arrière de chacune des ailes de son infanterie et arrête ainsi la poursuite.
Signaux : *Ensemble ! Halte !*
Disposition : 2e et 3e compagnies se rassemblent en ligne de colonnes de compagnie ;
Le peloton de cavalerie se rassemble près de la 3e compagnie.

12e MOMENT. — L'ennemi continue sa retraite.
Disposition : Le peloton de cavalerie observe l'ennemi avec des patrouilles de poursuite ;
2e et 3e compagnies forment les avant-postes en avant de la ligne occupée par les 1re et 4e compagnies ;
1re et 4e compagnies : gros des avant-postes.

Les exemples qui précèdent suffisent pour en indiquer le but, l'esprit et la portée.

En résumé, l'auteur fait toujours suivre ses tirailleurs de soutiens à rangs serrés, souvent en colonnes, de temps en temps en ligne, quelquefois seulement dans l'ordre ouvert. Cette méthode a une raison : la marche d'une troupe à rangs serrés et sous le feu de l'ennemi dépend de la configuration du terrain; il faut donc habituer les troupes à toute espèce de formation. En effet, supposons une position défensive; c'est en général une position dominante. L'assaillant, pour y arriver et la gravir, a à traverser, soit une plaine s'arrêtant au pied de la position défensive, soit à descendre une pente opposée. Dans cette situation, le défenseur aux grandes distances voit les colonnes ennemies comme une masse où les rangs semblent s'étager les uns au-dessus des autres ; il en résulte que la hauteur du but tend à neutraliser les effets des erreurs en portée, si faciles à commettre dans l'appréciation des grandes distances. Il est donc dès lors préférable de diminuer la profondeur de ces colonnes, ce qui concorde, du reste, avec les règles données pour échapper au feu de l'artillerie, qui, à ces distances, est plus redoutable que celui de l'infanterie. Lorsque les colonnes d'infanterie, en se rapprochant de l'adversaire, commencent à gravir la pente de la position, le premier rang masque les suivants, et la balle qui le manque n'atteint en général personne. Il faut donc, dans ce cas, profiter des erreurs en portée et les multiplier en réduisant au minimum le front de la troupe qui s'avance. On voit donc que ce n'est pas toujours la distance qui doit servir de règle dans le choix de la formation de marche d'une troupe en ordre serré sous le feu de l'ennemi. La configuration du terrain y joue un rôle important et dont il faut tenir compte. Un officier qui, pour descendre une pente située à 200 ou 300 mètres de l'ennemi, mettrait sa troupe en colonnes par files, commettrait une grave erreur. Il devra la mettre en ligne jusqu'à ce que le terrain commence à remonter. Il est de même évident que si la disposition de la ligne de feu de l'adversaire était concentrique à celle d'une colonne s'avançant ainsi par files en gravissant une position, celles-ci présenteraient au feu des ailes de l'ennemi une longue surface de flanc, et l'avantage de cette manière de marcher serait nul. Il convient donc d'habituer l'officier d'infanterie à se rendre compte de l'effet du tir d'une troupe dans tous les cas possibles, afin que, étant donné le terrain qu'il a à traverser, la disposition de la ligne ennemie, la force de sa troupe, il puisse toujours modifier l'ordonnance de celle-ci, de manière à réduire ses pertes au minimum.

En terrain découvert, et trop près des tirailleurs, les soutiens à rangs serrés sont impossibles. Les Prussiens en savent quelque chose, eux qui, le 18 août 1870, de Montigny-la-Grange à Saint-Privat, ont eu tant à souffrir du feu de l'infanterie française, surtout à leur aile gauche et au centre. Les projectiles de nos chassepots arrivaient jusque sur leur réserve, qui fut obligée de s'arrêter et même de se coucher à terre. « Nous ne savons pas, — dit à ce sujet « la feuille bibliographique de la *Gazette militaire de Darmstadt*, — « quelle peut être la tension de la trajectoire du nouveau fusil d'in- « fanterie ; mais, si nous nous reportons au temps où nous possé- « dions un bon fusil se chargeant par la bouche, c'est-à-dire avant « 1866, nous voyons que deux adversaires placés à la distance de « 500 pas l'un de l'autre, — ce qui est en guerre la distance la plus « habituelle, — avaient alors en arrière d'eux un espace de 200 pas « labouré par les projectiles et qui n'était pas tenable pour une « troupe à rangs serrés non abritée. » Il résulte de ceci que les soutiens placés dans la zone dangereuse, c'est-à-dire en arrière du centre d'une ligne de tirailleurs, forment cibles pour un grand nombre de coups qui ne peuvent pas atteindre la chaîne. Il convient donc d'abriter ses soutiens et de les disposer sur les ailes toutes les fois que les circonstances, les mouvements de l'ennemi et la configuration du sol n'obligent pas de les mettre en arrière du centre. Sous ce rapport, les prescriptions de l'auteur nous paraissent conformes aux exigences de la guerre à venir.

Passons maintenant aux salves. Le major Helvig les emploie dans presque tous ses exemples. Les salves ne produisent d'effet sur des tirailleurs qu'en terrain découvert et qu'autant qu'elles balayent le terrain de façon à le rendre intraversable. C'est en ce sens que les compagnies françaises les employèrent au bois de Genivaux le jour de la bataille du 18 août 1870. Mais elles n'agissent sur les troupes à rangs serrés que lorsqu'elles sont à bonne portée. Nous croyons que, sous ce rapport, il est difficile, sur une place d'exercices, d'apprécier le moment opportun du feu de salves. Sans doute, il est bon d'y exercer les troupes ; mais il sera difficile de les prendre pour base de ce qui doit être fait à la guerre.

Pour renforcer tantôt sa ligne de combat, tantôt une autre, l'auteur fait exécuter souvent à sa troupe des marches de flanc à de courtes distances en arrière de sa ligne. Cette méthode est-elle bien conforme aux exigences de la guerre ? Le règlement prussien prescrit à ce sujet de fractionner sa troupe en petits groupes ; et le lieutenant-colonel de Scherff, précisément pour éviter des pertes inutiles dans la zone dangereuse en arrière du front, a l'habitude de placer ses soutiens en arrière des ailes. Pouvons-nous exécuter des mouvements de flanc dans cette zone ? La configuration du terrain, — comme nous l'avons fait ressortir ci-dessus, — peut seule le permettre.

Enfin l'auteur paraît trop se préoccuper de la cavalerie et fait, selon nous, un emploi trop fréquent des carrés et des ralliements.

Il se sert de ces deux formations dès que la cavalerie se présente, et cela sous le feu des tirailleurs ennemis. Il y a là un danger qu'il reconnaît lui-même quand il dit, dans son 26e exemple : « La troupe de cavalerie supposée ici (48 cavaliers)... *est trop faible pour attaquer les troupes à rangs serrés de l'ennemi... Mais, tombant à l'improviste sur les tirailleurs ennemis, elle peut les forcer à s'arrêter et par ce moyen donner le temps à son infanterie de se porter en avant...* » L'expérience prouve, en effet, que la cavalerie est impuissante à renverser les groupes même les plus faibles lorsqu'elle attaque en fourrageurs, et une compagnie ayant ses ailes protégées fera inévitablement, en restant en ligne, échouer par ses feux toutes les charges qu'une troupe de cavalerie tenterait contre elle. « Le major Helvig, — dit la feuille allemande déjà citée plus haut, — ne donne pas d'autres moyens pour résister à la cavalerie que la formation en cercles ou en carrés. Nous tenons une épaisse ligne de tirailleurs comme bien plus efficace. Sans doute, les flancs d'une ligne de tirailleurs sont sans défense, tandis qu'une troupe à rangs serrés forme très-rapidement le crochet; mais on remédierait à cet inconvénient par des échelons protégeant les flancs. Les troupes à rangs serrés doivent pouvoir former le carré pour pouvoir faire feu sur les flancs et en arrière; mais alors un seul rang suffit, les guerres de Frédéric le Grand l'ont bien démontré. Nous ne nions pas pourtant l'effet foudroyant des fusils se chargeant par la culasse; la cavalerie française à Wœrth et à Sedan est là pour nous en faire souvenir, ainsi que la nôtre le 18 août 1870. »

Au surplus, nous allons reproduire, en terminant, quelques considérations tactiques de l'auteur : « Lorsqu'un bataillon est isolé, — dit-il dans son 14e exemple, — ou lorsqu'il est séparé des autres troupes par une distance telle qu'il puisse être considéré comme isolé, le bataillon combat d'une façon indépendante. Dans ce cas, il faut, quant à la conduite des troupes au combat, tenir compte de la situation numérique et de la composition des forces de son adversaire, ainsi que de la possibilité qu'il peut y avoir de menacer sa ligne de retraite. Ceci ne saurait suffire à une troupe qui combat en liaison avec une brigade. Dans ce dernier cas, le bataillon doit utiliser la configuration du terrain pour ses formations et éviter autant que possible les pertes occasionnées par le feu de l'artillerie. Dans l'offensive, il doit chercher à diriger un feu concentrique sur la position attaquée, et, *au moment décisif, chaque baïonnette, chaque homme doit être employé, soit en ordre compacte, soit en tirailleurs, de façon à rendre le choc aussi violent que possible.* En ménageant ses forces au moment suprême, on affaiblit l'attaque, et d'ailleurs les troupes ainsi ménagées sont à peine suffisantes pour renouveler avec de grandes chances de succès une attaque qui a échoué une première fois... » Et plus loin, 22e exemple : « Un bataillon qui a une hauteur à défendre doit conserver quelques troupes à rangs serrés à 200 ou 300 pas en arrière de la crête (*Hohen-Rand*), de façon à pouvoir diriger sur les flancs de l'ennemi un feu aussi rapide que possible et l'attaquer par conséquent au moment de l'assaut dès que les tirailleurs et les soutiens ont abandonné la hauteur. » Enfin, dans le 30e exemple, au sujet de la cavalerie comme soutien de batterie, le major Helvig recommande à la cavalerie « d'éclairer le terrain le plus loin possible et de prendre position avec le gros à proximité de la batterie. Son rôle consiste à s'élancer sur les troupes d'infanterie chaque fois qu'elle en trouve l'occasion, surtout au moment de l'attaque générale, de façon à donner le temps à la batterie de s'échapper. »

Les opérations d'une armée en campagne, son service d'exploration et sa tactique sont trois choses intimement liées entre elles. A ce point de vue, les *Exercices tactiques* du major Hugo Helvig forment un manuel que tous les officiers sérieux voudront consulter.

L. Grandin,
Capitaine au 25e régiment d'infanterie.

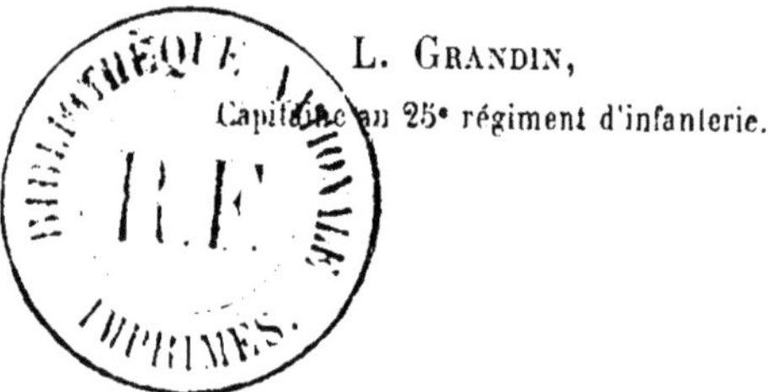
BIBLIOTHÈQUE NATIONALE R.F. IMPRIMÉS

Paris. — Imprimerie de J. Dumaine, rue Christine, 2.

NOUVEAUTÉS

En vente à la Librairie militaire de J. DUMAINE.

Histoire abrégée des Campagnes modernes, par J. VIAL, lieutenant-colonel d'état-major, professeur d'art et d'histoire militaires à l'Ecole d'application d'état-major. Tome IIe et dernier. 1 vol. in-8 avec 22 planches. . . . . 6 fr.

Conférences de M. le général Roth de Schrekenstein sur le service de sûreté en campagne, la tactique et la stratégie, à l'usage des officiers subalternes de cavalerie, par H. de FORSANZ, capitaine, officier d'ordonnance de M. le maréchal de Canrobert. (Extrait du *Journal des Sciences militaires.*) 1 vol. in-8, avec 5 planches. . . . . . . 3 fr. 50

Des Marches et des Combats. Commentaires des titres XII et XIII du règlement du 3 mai 1832, sur le service des armées en campagne. Première partie : Marche en avant, Combat offensif. 1 vol. in-18. (*Publication de la Réunion des Officiers.*). . . . . 2 fr. 50

Traité de Tactique appliquée, élaboré d'après le programme prescrit pour les Ecoles royales de guerre allemandes, par F. A. PARIS, général-major au service de Prusse. 5e édition, revue et mise en rapport avec les principes inaugurés pendant la campagne de 1870-1871. Traduit de l'allemand, annoté et mis en concordance avec les règlements français et belges, par H. C. FIX, major de l'infanterie belge, et F. TIMMERHANS, capitaine de l'infanterie belge. 1 vol. in-8, avec 3 planches . . . . 7 fr.

Règlement sur le service des armées en campagne, annoté d'après les meilleurs auteurs qui ont écrit sur l'art militaire, par Ch. DE SAVOYE, colonel commandant le 2e régiment de ligne belge, etc. Ouvrage approuvé par le Comité d'état-major de France. 3e édition. 2e tirage. 1 fort vol. grand in-8 (800 pages). . . . . 10 fr.

De l'Organisation et de l'Administration de l'Armée française, par L. BEAUGÉ, capitaine au 3e régiment d'infanterie. 1 vol. in-8 avec 21 tableaux. . . . . 7 fr. 50

Code-Manuel du Recrutement de l'Armée. — *Loi du 27 juillet* 1872, suivie des Lois, Décrets, Arrêtés, Règlements, Instructions, Circulaires, Décisions de principes, rendus pour son exécution, et de tous les Modèles d'Actes, Certificats, Procès-verbaux, Etats, Registres, etc. — *Appel des classes, Engagements et Rengagements, Volontariat, Examen médical des jeunes gens, Opérations du Conseil de révision.* — Textes officiels annotés, avec Tables méthodiques. 5e édition, complétement au courant de la nouvelle législation. 1 vol. in-8. . . . . 6 fr.

Loi du 13 mars 1875 relative à la **Constitution des cadres et des effectifs de l'armée active et de l'armée territoriale**, suivie du décret et de la décision présidentielle en date du 29 mars 1875 et des Instructions en date du 30 mars 1875. (Extrait du *Journal militaire officiel.*) Brochure in-8, avec tableax. . . . . 1 fr.

La présente édition de la loi du 13 mars 1875 est définitive et conforme aux rectifications autorisées par l'Assemblée nationale dans ses séances des 28 mai et 2 août 1875.

France physique, administrative, militaire et économique, par L. DULUC, sous-lieutenant au 115e de ligne. 1 vol. in-12 . . . . 2 fr. 50

Paris. — Imprimerie J. DUMAINE, rue Christine, 2.

www.ingramcontent.com/pod-product-compliance
Ingram Content Group UK Ltd.
Pitfield, Milton Keynes, MK11 3LW, UK
UKHW020437180726
13839UKWH00004B/1547